Kerstin Kiehl

Das Kirchspiel Groß-Eichen in Geschichte und Gegenwart

Kerstin Kiehl

Das Kirchspiel Groß-Eichen in Geschichte und Gegenwart

Eine Festschrift zum 265. Geburtstag der Groß-Eichener Kirche im Jahr 2012

Fromm Verlag

Impressum / Imprint
Bibliografische Information der Deutschen Nationalbibliothek: Die Deutsche Nationalbibliothek verzeichnet diese Publikation in der Deutschen Nationalbibliografie; detaillierte bibliografische Daten sind im Internet über http://dnb.d-nb.de abrufbar.

Bibliographic information published by the Deutsche Nationalbibliothek: The Deutsche Nationalbibliothek lists this publication in the Deutsche Nationalbibliografie; detailed bibliographic data are available in the Internet at http://dnb.d-nb.de.

Verlag / Publisher:
Fromm Verlag
ist ein Imprint der / is a trademark of
AV Akademikerverlag GmbH & Co. KG
Heinrich-Böcking-Str. 6-8, 66121 Saarbrücken, Deutschland / Germany
Email: info@frommverlag.de

Herstellung: siehe letzte Seite /
Printed at: see last page
ISBN: 978-3-8416-0363-0

Inhaltsverzeichnis

Vorwort

Im Jahr 2012 kann die Evangelische Kirchengemeinde Groß-Eichen den 265. Geburtstag ihres in den Jahren 1746/47 neu erbauten und 1747 geweihten Gotteshauses feiern. Dass es mindestens einen Vorgängerbau gab, ist unumstritten, wenngleich darüber nur sehr spärliche Quellen existieren. Viele damit verbundene geschichtliche Fakten und Hintergründe sind bisher wenig oder gar nicht erforscht worden und warten noch auf ihre Entdeckung und Veröffentlichung. Diese Festschrift möchte einen Beitrag dazu leisten, bekannte ebenso wie bisher unberücksichtigte oder in Vergessenheit geratene Informationen neu zusammenzustellen und einer breiten Öffentlichkeit zugänglich zu machen. Der Aufbau ist dabei so gewählt, dass sich die Unterabschnitte des 1. Kapitels zunächst immer mit der Entwicklungsgeschichte kirchlicher Verwaltungsstrukturen im oberhessischen Raum allgemein und anschließend mit der speziellen Situation in Groß-Eichen beschäftigen. In den Kapiteln 2. bis 7. steht ausschließlich die Groß-Eichener Kirchengemeinde im Mittelpunkt.

Gerade auch im Blick auf die vor uns liegende 1000-Jahrfeier, die sich auf die urkundliche Ersterwähnung der Weihe einer Kapelle „ad Quercus“ („bei den Eichen“) stützt, soll eine in dieser Form erstmalig herausgegebene Kirchengeschichte Groß-Eichens zwei Ziele verfolgen: Sie soll auf der einen Seite ein wichtiger Beitrag zum Jubiläum sein und auf der anderen Seite die Erforschung der oberhessischen Kirchengeschichte weiter voranbringen.

Auch in der Vergangenheit hat es bereits einige Veröffentlichungen zur Kirchen- und Heimatgeschichte des Dorfes gegeben: Besonders erwähnt sei hier die im Jahr 1963 erschienene und von dem damaligen Groß-Eichener Volksschullehrer Josef Rubin zu seinem Abschied verfasste *Heimatgeschichte von Groß-Eichen*. Josef Rubin hat wesentliche Aspekte der Groß-Eichener Heimat- und Regionalgeschichte erforscht und in seiner rund 70 Seiten umfassenden Schrift sehr anschaulich dargestellt. Doch gerade im Blick auf die kirchengeschichtliche Forschung und Entwicklung haben sich in den vergangenen 50 Jahren sehr viele neue Erkenntnisse ergeben, die hier nun umfassend dargestellt und an einigen Stellen von Rubin getroffene Aussagen ergänzen bzw. auch korrigieren werden. Der im Jahr 1997 von meinem Amtsvorgänger Manfred Günther und dem Arbeitskreis „Spurensuche" erstellte Fotoband zum 250. Jubiläum der Groß-Eichener Kirche mit dem Titel *„Spurensuche" Groß-Eichen in alten Bildern* enthält zahlreiche historische Photographien und Postkarten. Darin wird das Dorfleben vergangener Zeiten anschaulich dokumentiert und durch thematische Auszüge aus Josef Rubins *Heimatgeschichte* ergänzt, ohne allerdings die Aussagen der Textauszüge zu überprüfen oder kritisch zu hinterfragen.

Einen ganz wesentlichen und - auch noch für die heutige Zeit - einmaligen Beitrag zur Erforschung der gesamten oberhessischen Kirchengeschichte verdanken wir einerseits dem Theologen und Historiker D. Dr. Dr. Wilhelm Diehl (1871-1944), Prälat der damaligen hessischen Landeskirche, der zwischen 1897 und 1942 zahlreiche Publikationen, darunter in der Schriftenreihe „Hassia Sacra" das *Kirchliche Baubuch* und das *Hessische Lehrerbuch* herausgab und damit erstmals wichtige Daten und Fakten einer breiten Öffentlichkeit zugänglich machte. Prälat Diehl kam bei dem schweren Luftangriff der der Alliierten auf Darmstadt in der Nacht vom 11. zum 12. September 1944 in seinem Wohnhaus ums Leben. Auch alle zu dieser Zeit noch in seinem Besitz befindlichen Unterlagen und Dokumente aus dem Hessischen Staatsarchiv Darmstadt, die aus Sicherheitsgründen in das Landeskirchenamt verbracht worden waren, sind bei diesem Bombenangriff restlos verbrannt. Vor allem der „Bestand Pfarrei-Angelegenheiten", der viele wertvolle und für die kirchengeschichtliche Forschung wichtige Daten und Unterlagen enthalten hatte und vermutlich noch gar nicht vollständig ausgewertet war, ist dabei vernichtet und der Nachwelt damit unwiederbringlich verloren gegangen. Zum anderen hat sich Prof. D. Dr. Eduard Edwin Becker (1874-1943) gerade im Blick auf die Erforschung der Kirchen- und Regionalgeschichte des oberhessischen Raumes große Verdienste erworben. So gab er ab 1923 die ersten drei Bände der Riedesel-Chronik heraus und war gemeinsam mit Wilhelm Diehl als Herausgeber und Autor an den *Beiträgen zur Hessischen Kirchengeschichte* beteiligt. Ihm verdanken wir darin auch einen Aufsatz aus dem Jahr 1935 über die Reformationsgeschichte Groß-Eichens.

Die Groß-Eichener *Pfarrchronik* und die im Bestand der Kirchengemeinde erhaltenen Kirchenbücher konnten zu vielen Fragen wichtige Informationen liefern und vorhandene Daten ergänzen.

Mein Dank gilt allen, die mir mit ihrem Wissen und Rat zur Verfügung standen; meinem Mann, Dr. Rainer-Michael Lüddecke, danke ich für die redaktionelle Betreuung und die Durchsicht und Korrektur des Manuskripts.

Besonderer Dank gilt Herrn Dr. Thomas Notthoff vom Hessischen Staatsarchiv in Darmstadt für seine umfangreichen Recherchearbeiten vor Ort und für die Mithilfe bei der Suche nach den Unterlagen über die Einweihung der Groß-Eichener Kirche in den Beständen des Samtarchivs der Riedesel Freiherren zu Eisenbach.

Groß-Eichen im Jubiläumsjahr 2012

Kerstin Kiehl

Einleitung

1000 Jahre Groß-Eichen – das bevorstehende Jubiläum gibt uns Anlass, einmal genauer in die Vergangenheit zu schauen und besondere Daten und Ereignisse der Kirchengeschichte des Dorfes zu beleuchten. Über die mittelalterliche Zeit und die ersten Jahrzehnte können wir nur aus alten Urkunden oder Abschriften etwas Genaueres erfahren. Dabei helfen der heutigen Forschung die sog. Regesten, die die Urkunden eines bestimmten Ausstellers, einer Provenienz oder eines Betreffs nach Datum geordnet auflisten und die durch inhaltliche Zusammenfassungen, Nachweise zur Überlieferung und quellenkritische Hinweise ergänzt worden sind. Für Groß-Eichen sind dies besonders die Regesten der Mainzer Erzbischöfe.

Mit fortschreitender Zeit werden die schriftlichen Quellen zahlreicher, besonders im Blick auf die Kirchen- und Reformationsgeschichte im oberhessischen Raum. Schon früh wurde durch die hessischen Landgrafen und in mehreren kleinen Herrschaften des oberhessischen Raumes die Reformation eingeführt, so auch im Territorium der Freiherren Riedesel zu Eisenbach. Inzwischen lässt sich genau sagen, wann in Groß-Eichen der erste evangelische Pfarrer wirkte und welche Folgen dies hatte.

Endgültig geklärt werden konnte die Frage, wann genau die neu erbaute Groß-Eichener Kirche im Jahre 1747 geweiht wurde. Doch die Forschungsergebnisse brachten statt einer Antwort auf die Frage, warum man am 3. Dienstag im Juni das Kirchweihfest in Groß-Eichen feiert, überraschende und völlig neue Tatsachen ans Licht.

Gewiss wird nun auch in Zukunft für spannende Diskussionen und weitere Nachforschungen gesorgt sein!

Was lässt sich über die Vorgängerkirche(n) sagen, was ist uns aus alter Zeit aus diesem Gebäude überliefert? Auch hier konnten die Nachforschungen ein wenig mehr Licht in das bisherige Dunkel der Geschichte bringen, ebenso Antworten auf die Fragen, welche Gebäude, Personen und Ereignisse besonders eng mit der Groß-Eichener Kirchengeschichte verbunden waren und wie lange es im Dorf ein eigenes Schulwesen gab.

Und zum Schluss: Was wollen wir unseren Nachfahren mit auf den Weg geben? Wird es uns gelingen die Geschichte, auch die gegenwärtige, lebendig zu erhalten? Mit dieser Festschrift soll ein Beitrag dazu geleistet werden, dass die Kirche und das Dorf Groß-Eichen mit all ihren Traditionen weiterhin wachsen, blühen und gedeihen und die bewegte Geschichte nicht vergessen werden möge.

1. Einblicke in die Geschichte kirchlicher Verwaltungsstrukturen und in die Entwicklung der Kirchengemeinde Groß-Eichen

1. Die Christianisierung der Region und erste kirchliche Verwaltungsstrukturen

Um 500 n. Chr. hatte sich das Christentum im damaligen fränkischen Reich bereits weit verbreiten und vielerorts fest Fuß fassen können. Im Gebiet des Vogelsberges hingen die Menschen hingegen weiterhin dem alten germanischen Götterkult und der Wotansverehrung an. Verschiedene christliche Missionierungsversuche scheiterten, und erst dem ‚Apostel der Deutschen', Bonifatius[1], gelang es, das Christentum in der Region zu verbreiten. Auf der Amöneburg gründete er im Jahr 721 das erste Kloster, es folgten die Klöster Büraburg bei Fritzlar (741) und Fulda (744). Zwischen 769 und 775 gründete sein missionarischer Mitstreiter Lullus[2] Ort und Kloster Hersfeld. Von Amöneburg, Hersfeld und Fulda aus wurde das Gebiet des Vogelsberges dann systematisch christlich missioniert. Prägend und mitbestimmend für die Missionierung und den Aufbau kirchlicher Strukturen in der Region wurde das Bistum Mainz, das 780/82 zum Erzbistum erhoben wurde. Erste bedeuten-

---

[1] **Bonifatius** *Wynfreth* (auch *Winfried*): * 672/673, spätestens 675, in Crediton im Südwesten Englands; † Ermordung am 5. Juni 754 oder 755 bei Dokkum in Friesland. Bonifatius war einer der bekanntesten Missionare und der wichtigste Kirchenreformer im Frankenreich. Er war Missionserzbischof, päpstlicher Legat für Germanien und zuletzt Bischof von Mainz und Verwalter des Bistums Utrecht.

[2] **Lullus**: * um 710 in Wessex; † 16. Oktober 786 in Hersfeld, war erster Erzbischof von Mainz und erster Abt des Klosters Hersfeld. Er war Mönch im Benediktinerkloster Malmesbury in der Grafschaft Wiltshire. Bei einer Wallfahrt 737 lernte er in Rom den Benediktinermönch Bonifatius kennen. Lullus unterstützte ihn als Diakon in der Germanenmission und setzte später die von Bonifatius begonnene kirchliche Neuorganisation im Frankenreich fort.

de kirchliche Zentren entstanden in u.a. in Alsfeld, Ober-Ohmen, Bobenhausen und Grebenau. Die Mainzer Diözese war zu dieser Zeit in große Verwaltungssprengel, sog. Archidiakonate[3] gegliedert. So gab es das Archidiakonat des Propstes von St. Mariengreden in Mainz, das Archidiakonat des Propstes von St. Johann in Mainz (dazu wird später auch Groß-Eichen gehören), das Archidiakonat des Propstes von St. Peter in Mainz, das Archidiakonat des Propstes von St. Moritz in Mainz und das Archidiakonat des Propstes von St. Bartholomäus in Frankfurt. Es ist davon auszugehen, dass sehr schnell nach der Christianisierung des Vogelsberggebietes erste Pfarreien errichtet wurden. Aus dem 9. Jahrhundert sind – verbunden mit Nachrichten über eine große einsetzende Rodungsperiode - erste Nachweise von Pfarreigründungen überliefert, so z.B. in Unterreichenbach (810), Schlitz (812), Zell (815-825), Großenlüder (822) und Salzschlirf (885). Danach trat ein Stillstand ein, und erst zu Beginn des 11. Jahrhunderts sind dann wieder Neugründungen und Weihen nachzuweisen, so z.B. für Wingershausen (1016) und Crainfeld (1020) und - wie noch ausführlich zu berichten sein wird - für Groß-Eichen (zwischen 1011 und 1021). Mit dem Ende des 11. Jahrhunderts scheint die vollständige kirchliche Organisation des

[3] Ein **Archidiakonat** war eine kirchliche Verwaltungseinheit, genauer eine Untereinheit eines Bistums, die oft selbst wieder mehrere Dekanate umfassen konnte. Ihm stand ein Archidiakon (Erzdiakon) vor, dessen räumliche Gebietshoheit als Bann, seine Einnahmen als Synodalia bezeichnet wurden. Eine weitere Unterteilung der Archidiakonate oder der Dekanate gab es auch in sedes, d. h. Erzpriestersitze. Der Begriff des Archidiakonats stammt aus dem 11. Jahrhundert. Ursprünglich handelte es sich bei den Archidiakonen um von diesem abhängige Stellvertreter des Bischofs. In der Blütezeit des Archidiakonats im 12. und 13. Jahrhundert besaßen die Archidiakone ein eigenständiges Benefizium und eine eigenständige, "ordentliche" Jurisdiktion. Die Archidiakone konnten selbstständig Pfarreien visitieren, Pfarrer und Dekane strafen, ihnen Abgaben auferlegen oder sie von ihren Ämtern suspendieren. Sie hatten sogar das Recht zu exkommunizieren.

Siedlungsraumes abgeschlossen zu sein, doch musste man im Laufe der folgenden Zeit Neuzuordnungen von einzelnen Kirchspielen vornehmen, da diese inzwischen zu groß und weitläufig geworden waren und daher die seelsorgerliche Betreuung der Gläubigen durch die Geistlichen nicht gewährleistet werden konnte.[4]

2. Die weltlichen Strukturen und Zugehörigkeiten

Bereits in karolingischer Zeit war das Reich in Gaue eingeteilt, an deren Spitze ein Gaugraf stand, der Gerichts- und Heerbann leistete und im Kriegsfall seine Untertanen dem königlichen Heer zur Verfügung stellte. Der König seinerseits entsandte geistliche und weltliche Herren, Sendgrafen, die überall im Land die königlichen Rechte vertraten und bewahrten. Die Gaue waren entweder nach Volksstämmen oder nach geologischen Gegebenheiten benannt. Unterteilt waren sie in Grafschaften, die wiederum in Marken zerfielen. Der größte Teil des heutigen Oberhessen gehörte zum Oberlahngau.[5] Helfrich Bernhard Wenck widmet in seiner *Hessischen Landesgeschichte* dem Oberlahngau ein ausführliches Kapitel[6] und berichtet, dass die Teilung des ehemaligen Lahngaues in Unter- und Oberlahngau urkundlich belegt sei und dass uns für den Oberlahngau verschiedene Namen und Bezeichnungen überliefert seien. Die einzelnen Gaue wurden von Gaugrafen regiert, aus deren Reihen in den fol-

[4] Vgl. dazu ausführlich: Kleinfeldt/Weirich, S. 4ff..

[5] Der **Lahngau** war ein fränkischer Gau im Frühmittelalter. Er umfasste das Gebiet an der mittleren und unteren Lahn in den heutigen Bundesländern Hessen und Rheinland-Pfalz. Überlieferte Namen des Gaus sind Pagus Loganahe oder Pagus Logenensis. Historisch gesehen handelt es sich beim Lahngau um das ostfränkische Stammland der Konradiner. Der Gau wurde vor 900 in den Oberlahngau und den Niederlahngau geteilt.

[6] Vgl. Wenck, Kapitel XXXVIII Oberlahngau, S. 423-434.

genden Jahrzehnten und Jahrhunderten dann die verschiedenen und später großen und wichtigen Herrscherdynastien hervorgingen. Wenck weist darauf hin, dass ein großer Teil des Oberlahngaus das Archidiakonat von St. Johann zu Mainz umfasse. Leider existierten keinerlei Regesten dazu, doch die Grenzen und Zugehörigkeiten des Archidiakonats von St. Johann ließen sich aus dem Verlauf der anderen Archidiakonate erschließen. Wenck führt dazu unter anderem folgenden Grenzverlauf an: „Grünberg, Ober-Ohmen, Groß-Eichen, Felda und Bobenhausen gehörten zu St. Johann“, denn „die Grenze verläuft zwischen Grünberg und Laubach über Groß-Eichen fort“.

Karte des Lahngaues und der angrenzenden Nachbargaue (aus: *Wikipedia)*

3. Das Archidiakonat des Propstes von St. Johann in Mainz

Auch Kleinfeld[7] erläutert, dass die Überlieferung der kirchlichen Topographie des Archidiakonates schlecht sei. Es sei nicht gelungen, irgendein Sendweistum oder ein Steuerverzeichnis für die zugehörigen Pfarreien zu finden. Nur durch Einkreisung seien die Grenzen zu ermitteln. Sodann verweist er darauf, dass die Geistlichen des Archidiakonats in einem Landkapitel zusammengeschlossen waren, dessen Sitz seit 1238 Lauterbach war. Im Anschluss daran gibt er eine Übersicht über die Kirchspiele und der ihnen zugehörigen Pfarreien einschließlich der Patrozinien, ältesten Belege bzw. Entstehungszeiten, Angaben zu den Mutterkirchen und Sendverhältnissen, den Patronatsverhältnissen und den Tochterpfarreien. Nach diesem Verfahren kommt Kleinfeld auf 21 Kirchspiele im Archidiakonat von St. Johann zu Mainz: 1. Bobenhausen mit Ulrichstein, 2. Brauerschwend, 3. Crainfeld, 4. Engelrod mit Allmenrod, 5. Flieden, 6. Freiensteinau, 7. Großenlüder mit Haimbach und Hosenfeld, 8. Großfelda, 9. Grünberg mit Altstadt und Neustadt, 10. Hattenhof, 11. Hopfgarten, 12. Laubach mit Gonterskirchen, 13. Lauterbach mit Angersbach, Oberbreidenbach und Wallenrod, 14. Meiches, 15. Münster bei Lich mit Niederbessingen, 16. Oberaula mit Hausen, Schwarzenborn, Grebenau, Lingelbach, Schwarz und Udenhausen, 17. Ober-Ohmen mit Groß-Eichen und Windhausen, 18. Salzschlirf mit Herbstein, 19. Schlitz mit Hartershausen, Oberwegfurth und Queck, 20. Unterreichenbach und 21. Wetterfeld. Nachfolgend noch einmal die Übersicht des Archidiakonats von St. Johann:

[7] Vgl. Kleinfeldt/Weirich, S. 52.

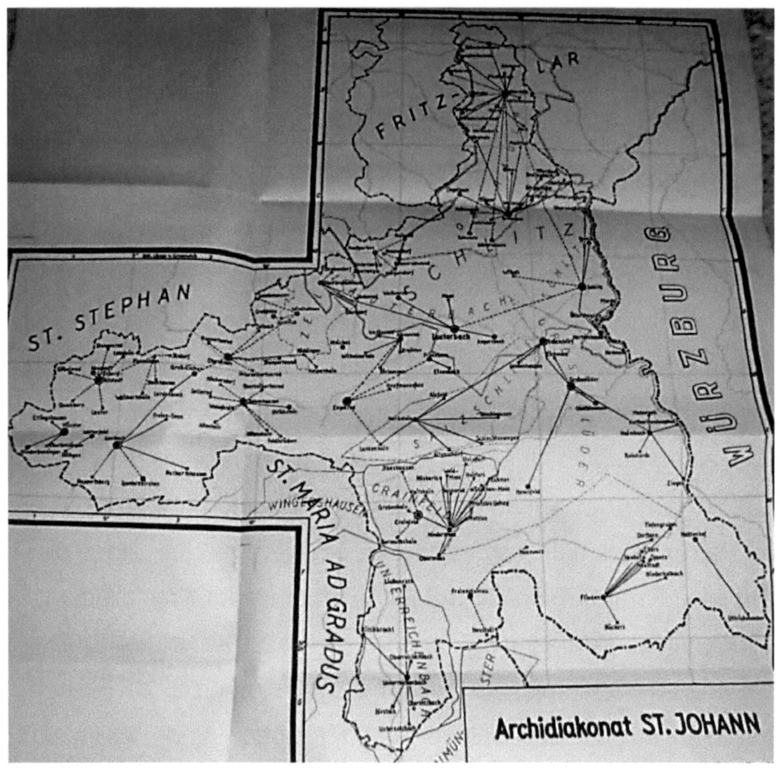

Karte entnommen aus: Kleinfeldt/Weirich: Kartenanhang - Karte Archidiakonat St. Johann.

4. Die ersten urkundlichen Belege für Groß-Eichen

Der älteste Hinweis auf eine urkundliche Erwähnung des heutigen Groß-Eichen lässt sich in die erste Hälfte des 11. Jahrhunderts, genauer in die Zeit zwischen 1011 und 1021, datieren. Der Mainzer Erzbischof Erkenbald, der im April 1011 sein Pontifikat antrat und am 17. August des Jahres 1021 verstarb, muss im Laufe seiner Amtszeit eine Kapelle „ad Quercus" („zu, bei den Eichen") geweiht und nach der Weihe auch die zugehörigen Grenzen des Gebietes festgesetzt haben.[8] Darauf jedenfalls bezieht sich eine im Wortlaut überlieferte, allerdings nicht genau datierbare Urkunde aus der Amtszeit des Erzbischofs Bardo (29. Juni 1031 bis 11. Juni 1051), in der es um die Schlichtung einer wohl bereits länger andauernden Grenzstreitigkeit zwischen der zur Abtei Hersfeld gehörenden Kirche in Laubach und der Kapelle „bei den Eichen" geht. Da auch der Hersfelder Abt Mengenher als Beteiligter erwähnt wird, dessen Amtszeit von 1036-1059 dauerte, lässt sich die Abfassung der Urkunde in den Zeitraum zwischen 1036 und 1051 datieren. In den *Regesten* wird das Ereignis zwischen zwei im Sommer des Jahres 1040 belegten Ereignissen angesetzt, allerdings ist die letzte Stelle der Jahreszahl nicht angegeben (104.)[9]. Im *Mainzer Urkundenbuch* ist der lateinische Wortlaut der zwischen Mainz und Hersfeld in Ingelheim am Rhein getroffenen Vereinbarung abgedruckt.[10] Im Vorwort dazu heißt es, dass Erzbischof Bardo, um den Streitigkeiten ein Ende zu machen, mit Zustimmung des Hersfelder Abtes Mengenher die Grenzen der Kapelle „bei den Eichen", die von seinem Vorgänger, Erzbischof Erkenbald geweiht und deren Grenzen festgelegt wurden, endgültig festsetzt. Die Streitigkeit wurde durch den Erzbischof von Mainz dahingehend beendet, dass die Kapelle „bei den Eichen" einen Teil des zur Laubacher Pfarrei gehörigen Gebietes dazuerhielt. Die Grenzen wurden durch die Bäche Steinbach

[8] Vgl. *Regesten zur Geschichte der Mainzer Erzbischöfe:* Dort wird erwähnt, dass Erzbischof Erkenbald 1011-1021 eine Kapelle ad Quercus geweiht hat. („Nach der Festsetzung der Grenze des dazu gehörigen districts bestätigte er dieselbe"), vgl. *Regesten*, S. 149. Allerdings existiert dazu kein schriftlicher Beleg, und das Datum der Weihe ist ein Rückschluss aus der erhaltenen Urkunde des Erzbischofs Bardo, vgl. Anm. [9].

[9] Vgl. *Regesten*, S. 171: „beurkundet, wie abt Mengenher v. Hersfeld einen zur mainzischen capelle ad Quercus von erz. Erkanbald gezogenen aber streitig gewordenen district von der quelle der Steinbach bis Lardenbach der mainzer kirche überlassen habe".

[10] Vgl. *Mainzer Urkundenbuch*, S. 182.

und Lardenbach bestimmt. Auch das Dorf Lardenbach, das zu dieser Zeit noch keine eigene Kirche oder Kapelle besaß, wurde der Eichener Kapelle zugewiesen. Später kam Lardenbach dann zur Pfarrei Freienseen und erhielt schließlich 1657 eine eigene Kirche.[11]

Die Urkunde des Erzbischofs Bardo, datierbar in die Zeit zwischen 1036-1051 (nach dem *Mainzer Urkundenbuch* evtl. auf das Jahr 1040) die als Abschrift im Staatsarchiv Würzburg vorhanden ist, ist also der älteste erhaltene schriftliche Beleg für die Kapelle „bei den Eichen" und damit die urkundliche Ersterwähnung des heutigen Dorfes Groß-Eichen. Diese Fakten sind im Blick auf eine Festlegung der Ersterwähnung Groß-Eichens relevant: Streng genommen gilt die Zeitangabe, die sich aus der Datierung eines noch vorhandenen schriftlichen Zeugnisses ergibt, dabei zählt immer das letzte mögliche Jahr, also in diesem Fall 1051. Weniger streng ausgelegt, könnte man den Hinweis aus dieser Urkunde auf die Weihe durch Erzbischof Erkenbald, auch hier wieder das letzte Jahr, also 1021, ansetzen. Somit könnte entweder 2021 (in weniger strenger Auslegung) oder 2051 (in strenger Auslegung) die 1000-Jahrfeier begangen werden.

[11] Vgl. die *Festschrift zu den Kirchenjubiläen*, S. 67ff., und die Groß-Eichener *Pfarrchronik*.

5. Kirchliche Strukturen und Zugehörigkeiten im späten Mittelalter

Nachweislich ab dem Jahr 1250[12] hat die Pfarrei Eichen der Benediktinerabtei auf dem südlich der Stadt Mainz gelegenen Jakobsberg[13] unterstanden. Eine Urkunde aus dem Jahr 1307 weist allerdings darauf hin, dass auch das Kloster St. Stephan[14] in Mainz Ansprüche und Besitzrechte erhoben haben muss, da es die Pfarrstelle unrechtmäßig besetzt hatte. So ist bei Scriba in den *Regesten zur Geschichte des Großherzogtums Hessen* (1. Dezember 1307) zu lesen: „Godefrid v. Gesthoffen, Canonicus zu St. Stephan zu Mainz und Rector der Pfarrkirche zu Eychen (Grosseichen) bekennt vor dem geistl. Gerichte zu Mainz, dass ihm seine genannte Pfarrei von dem Abte Gotschalk zu St. Stephan b. Mainz aufgetragen worden sey u. er solche von ihm bei 50 Jahre ruhig besessen habe".[15] Aus dem Jahr 1321 (20. Dezember) ist überliefert: „Wernher Abt zu St. Jacob b. Mainz präsentirt den Peter ... zur Pfarrei Eychen (Grosseichen). In vigil St. Thomae apost."[16] Diese beiden Belege weisen auf mögliche Unstimmigkeiten in der Zugehörigkeit der Pfarrei hin: Zuerst hat St. Stephan die Stelle 1257 wohl unrechtmäßig besetzt, und

[12] Vgl. Kleinfeldt/Weirich, S. 61.

[13] Das Kloster wurde im Jahr 1050 von Erzbischof Bardo von Mainz gestiftet. Sein Nachfolger, Erzbischof Luitpold, vollendete das Kloster und weihte es 1055 mit seiner stattlichen und mit zwei hohen Türmen versehenen Kirche ein. Zugleich übergab er der Ordensgemeinschaft die auf der Südseite des St. Jakobsberges gelegene Basilika St. Nicomedes mit ihren Gütern und Einkünften.

[14] Die gotische Kirche St. Stephan ist heute noch nach dem Dom die bedeutendste Kirche der Stadt. Der Zeitpunkt der Gründung liegt in der Amtszeit des Mainzer Erzbischofs Willigis (975/1011). Die erste urkundliche Erwähnung findet sich am 29.9.992 in einer Schenkungsurkunde Ottos III..

[15] Scriba, S. 76.

[16] Scriba, S. 86.

der Seelsorger hat 50 Jahre lang diese Stelle innegehabt, und dann präsentiert St. Jakob 1321 einen neuen Pfarrer.

In einer auf den 27. März 1326 datierten Urkunde hat der Mainzer Erzbischof Matthias von Buchegg (Amtszeit von 1321-1328) die Eichener Kirche als Parochialkirche eingesetzt und diese auf ausdrücklichen Wunsch des Patronatsherren, Abt Werner von St. Jakob, der Allerheiligenkapelle des Klosters auf dem Jakobsberg und der ebenfalls dort befindlichen Nikomedeskapelle mit allen Nutznießungen und Abgaben einverleibt (inkorporiert).[17] Dabei wird auf den Allerheiligenaltar, den Altar der Heiligen Katharina und den Altar zu den 10.000 Märtyrern in der Jakobsberger Kapelle verwiesen. Diese Deutung und Übersetzung des lateinischen Wortlauts dieser Urkunde, auf die sich auch Kleinfeldt/Weirich in ihren Ausführungen beziehen, erscheint nach heutigen Erkenntnissen als die einzig logische. Wilhelm Diehl kam seinerzeit zu einer völlig anderen Interpretation: Er verweist in seinem *Baubuch* auf zwei gottesdienstliche Stätten, die zu Beginn der Reformation in Groß-Eichen existiert haben sollen: einerseits auf die alte Groß-Eichener Pfarrkirche, „zu der mehrere Altäre, darunter der Altar zu St. Katharina und zu Allen Heiligen sowie der Altar der Zehntausend Märtyrer, vielleicht auch ein Altar zu unserer Lieben Frauen, gehörten“ und auf „eine in der Nähe des Dorfes gelegene, dem Hl. Nikomedes geweihte Kapelle, die nach Einführung der Reformation als gottesdienstliche Stätte aufgegeben und später abgebrochen“ worden sei[18]. Josef Rubin präsentiert in seiner *Heimatgeschichte* eine noch andere Interpretation, die

---

[17] Vgl. Baur, *Urkunden*, S. 899 (lat. Text) und Vogt, *Regesten der Erzbischöfe von Mainz von 1289-1396*, S. 533 (dt. Übersetzung, der sich auch Kleinfeld/Weirich anschließen und darauf verweisen).

[18] Diehl, *Baubuch*, S. 485.

aber nachweislich auf einer z.T. völlig sinnentstellten und falschen Übersetzung beruht. Er verweist darauf, dass „die Eicher Kirche als Mutterkirche über eine oder zwei Kapellen eingesetzt“ worden sei und gibt („nach freier Übersetzung“) u.a. folgenden Text der Urkunde wieder: „Wir Matthias, von Gottes Gnaden Erzbischof zu Mainz, sind den Bitten des Abtes des Klosters St. Jacobus, außerhalb der Mainzer Mauern, gnädig geneigt, die Kirche in Eichen bei Grünberg, als deren Rechtspatron obiger Abt bekannt ist, als Parochialkirche (Mutterkirche) anzuerkennen. Eine Kapelle, ohne [!] einen Allerheiligenaltar, mit Altar zu den 10 000 Schmerzen der Hl. Katharina [!] verbindet sich mit der Kapelle des Hl. Nicodemus [!] mit allen Nutznießungen und Abgaben“.[19] Auch in der Groß-Eichener *Spurensuche* wird die falsche Übersetzung Rubins unkommentiert übernommen. Diese Interpretation ist auf jeden Fall falsch.

Es ist mit an Sicherheit grenzender Wahrscheinlichkeit davon auszugehen, dass mit den genannten Altären nur die der Jakobsberger Allerheiligenkapelle gemeint sein können. Denn bereits der Name der Kapelle verweist auf einen dort befindlichen Allerheiligenaltar! Ferner ist zu vermuten, dass es dort weitere Altäre gegeben hat, die ebenfalls in einer solchen Urkunde genannt werden konnten. Auch die in dieser Urkunde erwähnte Nikomedeskapelle lässt sich im Zusammenhang mit dem Kloster auf dem Jakobsberg problemlos lokalisieren, da sich in direkter Nachbarschaft ein Nikomedeskloster befand, das dem Kloster auf dem Jakobsberg übertragen worden war.[20] Unter Bezugnahme auf eine Veröffentlichung von Franz Falk

---

[19] Rubin, S. 9.

[20] Reinhard Schmidt schreibt dazu: „St. Nikomedes gehört zu den ältesten Mainzer Kirchen. Gegründet und mit Besitz ausgestattet wurde sie von einem der ersten über-

aus dem Jahr 1873 wird im *Wikipedia-Lexikonartikel* „Heiliger Nikomedes“ ausdrücklich darauf hingewiesen, dass „das Haupt des Nicomedes zunächst in der Basilika St. Nicomed (Mainz), später in der Kirche des Benediktinerklosters St. Jakob in Mainz aufbewahrt worden“ sei. Das eigentliche Grab des Märtyrers soll sich, laut Aussage dieses Artikels, in der Nikomedeskatakombe in Rom befinden.

Aufgrund dieser Informationen ist es naheliegend, dass nur die Nikomedeskirche in der Nähe des Jakobsberges gemeint sein kann. Hätte es in der Nähe Groß-Eichenes eine Nikomedeskapelle gegeben, wäre dies ganz sicher dokumentiert worden, zumal Nikomedes als Kirchenpatron in dieser späten Zeit nirgends mehr Erwähnung findet.

Nachweislich ab dem Jahr 1486[21] unterstand die Pfarrei Eichen dem im Jahr 1317 durch Philip III. von Falkenstein gegründeten Marienstift in Lich.[22] Bereits ein Jahr zuvor, 1316, hat Philipp dem geplan-

---

haupt fassbaren Mainzer Bischöfe, Bodardus oder Bothadus (um 614 – um 625), der auch mit dem Petilinus der Bischofslisten gleichgesetzt wird. Der ungewöhnliche Patron - ein römischer Märtyrer, dessen Patrozinium ansonsten im ganzen Merowingerreich unbekannt ist - erfuhr unter Papst Bonifaz V. (619 - 625) eine besondere Verehrung, was ein[!] wichtigen Anhaltspunkt für die Gründungszeit dieser Mainzer Kirche bietet. [...] Später unterstand St. Nikomedes dann dem benachbarten Benediktinerkloster St. Alban, bevor Erzbischof Luitpold (1051-1059) dem von ihm vollendeten, wahrscheinlich aber schon von seinem Vorgänger Bardo begonnenen Kloster St. Jakob die Nikomedeskirche mit ihrem Besitz in ihrer Nachbarschaft und in den Dörfern Armsheim, Saulheim und Wörrstadt übertrug. [...] Nachdem die Beginengemeinschaft bei St. Nikomedes zunächst zur Pfarrei St. Nikolaus auf der Steig gehört hatte, wurde sie nach dem Übertritt zum Benediktinerorden 1458 dem Abt von St. Jakob unterstellt, was in der Urkunde als Wiederherstellung des ursprünglichen Zustandes geschildert wird. Im Rahmen seiner Fürsorgepflicht inkorporierte der Abt der Frauengemeinschaft in diesem Jahr zur Aufbesserung ihrer materiellen Grundlagen dann auch gleich die vor dem Tor seines Klosters gelegene Allerheiligenkapelle mit allen dazugehörigen Einkünften.“

[21] Vgl. Küther, S. 353.

[22] Hintergründe zur Entstehung und Geschichte des Licher Marienstiftes werden sehr anschaulich und interessant von Waldemar Küther in seinem 1977 erschienenen Buch *Das Marienstift Lich im Mittelalter* dargestellt.

ten Kollegiatstift die Pfarrkirchen zu Lich, Ober-Ohmen, Münster und Bellersheim, deren Patronat ihm zustand, inkorporiert, d.h. er trat sein Besetzungsrecht an diesen Pfarreien mitsamt den damit verbundenen Einkünften an das neu zu gründende Stift ab.[23] Damit tätigte er eine Vorleistung, durch die das Stift in seinen Rechten und wirtschaftlichen Möglichkeiten gut ausgestattet und in seiner Existenz sichergestellt wurde. Die Bestätigung durch den Mainzer Erzbischof Peter von Aspelt (1306-1320) erfolgte dann am 16. Juli 1317.[24] In einer vom 27. November 1486 datierten Urkunde[25], in der es um Erträgnis- und Schuldfragen geht, wird gesagt, dass der Mainzer Erzbischof Berthold von Henneberg (1484-1504) bekenne, dass dem Marienstift die Pfarrkirchen Lich, Bonames, Gronau, Vilbel, Hungen mit seinen Filialen (Nieder-) Bessingen, Nonnenroth und Villingen, die Pfarrkirche Hausen bei Lich, Münster und Eichen mit der Filiale [!] (Ober-) Ohmen inkorporiert wurden. Damit wuchsen nicht nur das äußere Ansehen und die Bedeutung des Marienstiftes zu Lich, sondern auch seine wirtschaftliche Kraft, die sich durch höhere Dotierung der Stiftspfründen bemerkbar machte. Dadurch wurde auch das Interesse der Geistlichen gefördert, eine Licher Pfründe zu erlangen. Die Schattenseite wurde aber auch sehr schnell deutlich: Da die inkorporierten Kirchen und Pfarreien weit verstreut bis vor die Tore Frankfurts lagen, waren sie vielerlei Gefahren und Bedrohungen von außen ausgesetzt. Die Übersichtskarte (S.26) verdeutlicht dies besonders gut. Im Jahr 1504 wurde eine neue Benefizienordnung für das Licher Marienstift erlassen[26], in der erneut fest-

[23] Vgl. Küther, S. 273.
[24] Vgl. *Regesten*, S. 83; vgl. Küther, S. 274.
[25] Vgl. Küther, S. 353
[26] Vgl. Küther, S. 369.

gehalten wurde, dass die Groß-Eichener Kirche dem Marienstift inkorporiert war.

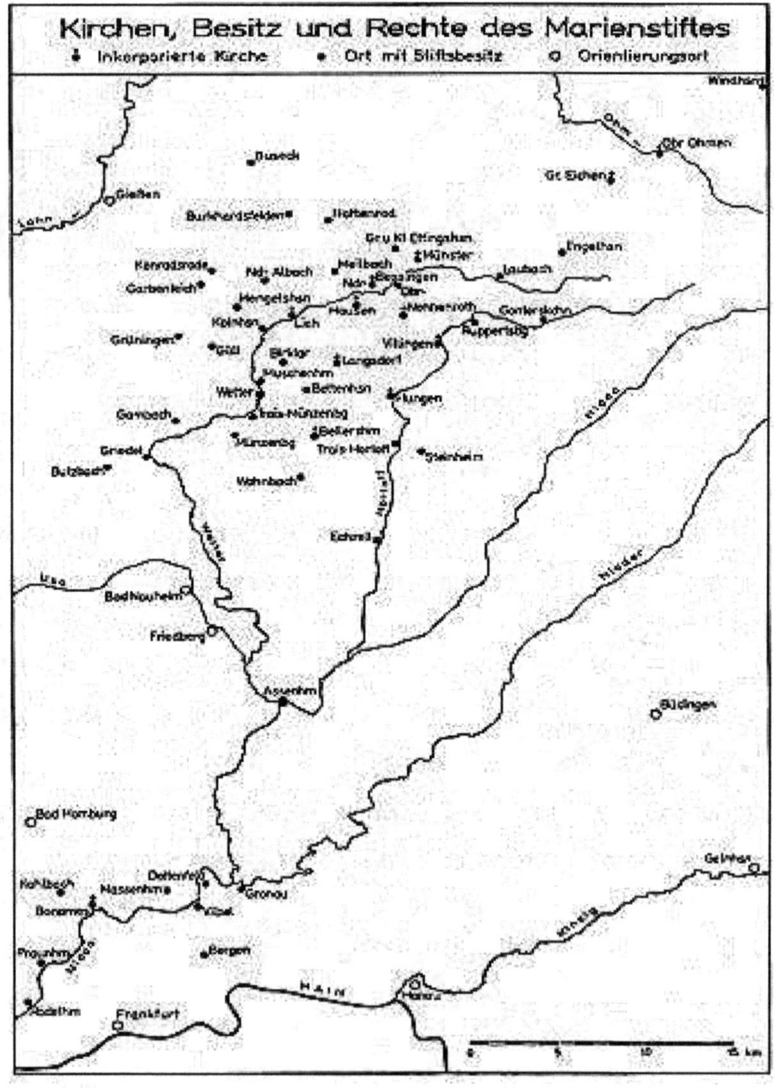

Karte entnommen aus: Waldemar Küther: *Das Marienstift Lich im Mittelalter*, Lich 1977, S. 139.

6. Die Pfarrei in der Reformationszeit

Die Reformationsbewegung in Deutschland und ganz Europa, ausgelöst durch Martin Luthers Thesenanschlag am 31. Oktober 1517 in Wittenberg, erfasste nach und nach alle Bereiche des damaligen öffentlichen Lebens. Viele bisher allgemein gültige und von allen Seiten anerkannte Regeln des kirchlichen und politischen Lebens wurden im Laufe der Jahre nach und nach infrage gestellt oder völlig neu geregelt. Eine wichtige und folgenreiche Veränderung war das in den evangelischen Gebieten überall entstandene landesherrliche Kirchenregiment, das in dieser Form bis 1918 existierte.[27]

Viele der damaligen hessischen Gebiete waren besonders früh vom reformatorischen Gedankengut geprägt, besonders beeinflusst und gefördert durch den hessischen Landgrafen Philipp I. (1504-1567),

---

[27] Erste Anfänge des **landesherrlichen Kirchenregimentes** sind bereits in vorreformatorischer Zeit zu finden: Aufgrund der kritikwürdigen Zustände in der Reichskirche des Spätmittelalters, etwa hinsichtlich der Lebensführung und Dienstauffassung der Bischöfe und Pfarrpriester, wagten viele deutsche Landesfürsten und Stadträte schon vor dem Auftreten Martin Luthers Eingriffe in nach damaligem Verständnis genuin kirchliche Bereiche wie etwa Pfarrstellenbesetzung und geistliche Gerichtsbarkeit. Nachdem mit der Reformation die Einheit von Kirche und Reich zu zerbrechen drohte, hielt der Augsburger Religionsfrieden von 1555 durch das Prinzip **cuius regio, eius religio** („wessen Land, dessen Glaube") zumindest die religiöse Einheit innerhalb der einzelnen Territorien aufrecht: Die Konfessionszugehörigkeit der Untertanen richtete sich nach der des Landesfürsten. Der Westfälische Friede von 1648 weitete dieses Prinzip von Katholiken und Lutheranern auf die bisher nicht anerkannten Reformierten aus. Obwohl es unter den Reformatoren verschiedene Ansätze zum Thema Kirche und Staat gab, setzte sich die Ansicht durch, dass jedenfalls bis auf weiteres der Landesfürst bzw. der Rat einer Reichsstadt als Notbischöfe anzusehen seien, die in ihrem jeweiligen Kirchenwesen die Leitungsfunktion innehätten. Was als Notlösung bis zu einer umfassenden Neuordnung durch ein Konzil gedacht war, entwickelte sich jedoch in den protestantischen Kirchen zu einem langlebigen Instrument. Das landesherrliche Kirchenregiment fand sein endgültiges Ende mit den Bestimmungen der Weimarer Reichsverfassung von 1919 in Artikel 137 zum Selbstbestimmungsrecht der Kirche; vgl. dazu Anm. 48.

der später den Beinamen „der Großmütige“ erhielt.[28] Es ist überliefert, dass der damals 17-jährige Philipp Martin Luther in seiner Unterkunft auf dem Wormser Reichstag 1521 aufsuchte und zum Abschied zu Luther gesagt haben soll: "Habt Ihr Recht, so helfe euch Gott." Vor Kaiser Karl V. und den deutschen Fürsten hatte sich Luther auf diesem Reichstag geweigert, seine Schriften zu widerrufen: "Daher kann und will ich nichts widerrufen, weil wider das Gewissen etwas zu tun weder sicher noch heilsam ist. Gott helfe mir! Amen." Am Ende des Reichstages ließ Kaiser Karl V. Luthers Lehre durch das Wormser Edikt verurteilen. Der diplomatische Vertreter des Papstes, Hieronymus Aleander, bemerkte während des Reichstages, dass der junge Landgraf wohl von "übelster erzlutherischer Gesinnung" sei, da sich der Landgraf auch für das freie Geleit Luthers eingesetzt hatte. Dennoch gehörte Landgraf Philipp zu dieser Zeit noch den "Altgläubigen" an, noch war er vom evangelischen Glauben nicht überzeugt. Doch längst gab es auch in Hessen schon Prediger, die die reformatorischen Ideen verbreiteten: In Immenhausen (in der Nähe von Kassel) predigte Bartholomäus Riseberg (1492-1566), ein Schüler Luthers, und in Alsfeld verkündete bereits 1521 Tilmann Schnabel (1475-1559) die evangelische Lehre. Schnabel war ein von Luther persönlich promovierter Doktor der Theologie, und sein Doktorvater zeigte sich später über das Wirken Schnabels in Alsfeld begeistert: "Gott hat diese Stadt erleuchtet, dass sie die erste des Hessenlandes ist, welche das wahre Evangelium angenommen hat." Landgraf Philipp von Hessen teilte zu dieser Zeit diese Freude keineswegs. Er stellte sich zunächst sogar offen gegen die reformatorische Bewegung und ging gegen die lutherisch

[28] Vgl. zum Folgenden: www.philipp-von-hessen.de.

predigenden Priester vor: Tilmann Schnabel musste Alsfeld und Hessen sogar verlassen. Auch für Bartholomäus Riseberg endete sein Predigttätigkeit: Er wurde verhaftet und in einen Turm in Grebenstein gefangen gehalten, aus dem ihm im Jahre 1523 in abenteuerlicher Weise die Flucht gelang. Riseberg kehrte daraufhin nach Wittenberg zurück und wurde später zu einem bedeutenden Reformator in Mitteldeutschland.

Doch ein Jahr später (1524) entschied sich Landgraf Philipp für den von Luther formulierten evangelischen Glauben. Noch immer geben die genauen Hintergründe und Umstände des religiösen Sinneswandels des Landgrafen von Hessen der Forschung Rätsel auf. Es wird vermutet, dass ihn vor allem die Gespräche mit seinen lutherisch gesinnten Hofleuten in Kassel, die Lektüre reformatorischer Schriften und die lutherische Bibelübersetzung letztlich überzeugten. Als Philipp im Frühsommer 1524 zu einem Fürstentreffen nach Heidelberg reiste, begegnete er unterwegs Philipp Melanchthon, Professor und Mitstreiter Luthers in Wittenberg. Philipp von Hessen stellte Melanchthon einige theologische Fragen, doch der Reformator beendete die Unterredung sehr schnell, da er "Unberechenbarkeiten" befürchtete, weil der Landgraf noch dem "alten Glauben" angehörte. Im Herbst des Jahres 1524, nachdem der Landgraf sich bereits der Reformation angeschlossen hatte, schickte ihm Melanchthon die Schrift „*Summe der christlichen Lehre*" auf Latein, welche die Grundzüge der reformatorischen Lehre enthielt und Philipp gewidmet war. Mit seinem offiziellen Übertritt zum evangelischen Glauben duldete Philipp von Hessen nun auch evangelische Prediger in seinem Territorium. Dies galt auch für Tilman Schnabel, der im Jahr 1526 auf Wunsch der Einwohner Alsfelds in seine Heimatstadt zurückkehrte und dort bis zu seinem Tode wirkte. 1530 wurde Schnabel zum ersten Superintendenten Alsfelds ernannt und war lange Zeit der einzige evangelische Geistliche in Hessen, der den theologischen Doktorgrad besaß.

Beim Reichstag zu Speyer im Jahre 1526 trat Landgraf Philipp I. von Hessen erstmals öffentlich als bekennender Lutheraner auf, gemeinsam mit Kurfürst Johann von Sachsen, der zu den ersten fürstlichen Anhängern Luthers gehört. Nachdem Philipp sich offiziell zu Martin Luthers Lehre bekannt hatte, bestimmte er seinen Hofprediger Adam Krafft 1525 zu seinem "Visitor", der im Namen des Landgrafen die Gemeindepfarrer einsetzte und ihre Arbeit kontrollierte. Philipp wurde damit zum "Notbischof" der evangelischen Landeskirche in Hessen. Die Wendepunkte für die Glaubenspraxis der hessischen Bevölkerung gegenüber dem Reich brachte der oben erwähnte Reichstag in Speyer 1526. Er beschloss angesichts der Türkengefahr die Religionsfrage bis zu einem Konzil zu vertagen. Bis dahin sollte es jedem Fürsten erlaubt sein, nach seinem Gewissen zu handeln. Philipp der Großmütige ergriff diese Chance: Er berief im Oktober 1526 in Homberg/Efze eine Landessynode ein. Die Versammlung markiert die Gründung der hessischen Landeskirche. Während dieser Synode präsentierte der südfranzösische Franziskanermönch Franz Lambert von Avignon Thesen zur Durchführung der Reformation in Hessen. Da er die deutsche Sprache nicht beherrschte, trug Adam Krafft den geladenen Ständen das neue Kirchenprogramm vor. Die Stände setzten sich aus der katholischen Geistlichkeit, dem Klerus sowie aus Vertretern der Ritterschaft und der Städte zusammen. Im Anschluss an die Synode wurden die Beschlüsse in der Schrift "Reformatio Ecclesiarum Hassiae" (Reformation der Kirche Hessens) zusammengefasst. Diese sah einen Kirchenaufbau auf der Grundlage selbständiger Gemeinden vor. Das Werk orientierte sich stark an den Vorstellungen der Schweizer und Oberdeutschen Reformatoren. Der vom Landgrafen um Rat gefragte Martin Luther verwarf diese Kirchenordnung jedoch als einen "Hauffen Gesetze". Er empfahl dem Landgrafen, die Reformation als lebendigen Prozess zu gestalten und dazu geeignete, dem Evangelium verpflichtete Prediger zu bestellen. Deshalb übernahm Philipp von Hessen das kursächsische Modell der landesherrlichen "Visitation". Damit hatte in Hessen das letzte Wort in Glaubensangelegenheiten nicht mehr der Papst im fernen Rom, sondern Landgraf Philipp.

Viele Pfarrer und Gemeinden standen der Reformationsbewegung unsicher gegenüber. Es herrschten noch viele Missstände, denn die Pfarrer waren schlecht ausgebildet oder verschwendeten gar ihnen anvertraute Kirchengelder. Landgraf Philipp setzte Visitatoren ein, die durch Hessen reisten und den Zustand der Gemeinden überprüften. Sie kontrollierten vor allem die Verbreitung der protestantischen Lehre, die Verwaltung der Sakramente, Taufe und Abendmahl, sowie den Lebenswandel der Pfarrer. Außerdem regelten sie die finanziellen Angelegenheiten der Pfarreinkünfte, der Baulasten und Schulen. Die Visitatoren verzeichneten auch das Kirchengut, entließen untaugliche Pfarrer und regelten die Versorgung für "altgläubige" katholische Geistliche, die ihres Dienstes enthoben wurden. Der erste "Visitator", der die hessische Bevölkerung reformierte, war

Adam Krafft. Nach 1530 bekam er Verstärkung: Mehrere Superintendenten wurden berufen (u.a. in Alsfeld, Darmstadt und Marburg), die die Aufsicht über die Pfarrer Ihres Bezirks übernahmen.

Nach diesem kurzen Überblick über die Entwicklung und den Verlauf der gesamthessischen Kirchengeschichte in der Landgrafschaft Hessen in den ersten Jahren der Reformationszeit lenken wir unseren Blick nun auf die besonderen und kuriosen Verhältnisse in Groß-Eichen: Die Kirchengemeinde bzw. die Kirche gehörte, wie oben bereits erwähnt, seit 1486 zum Licher Marienstift, dessen Patronatsherren die Grafen zu Solms-Lich waren. Das Dorf Groß-Eichen hingegen gehörte als Teil des Gerichtes Ober-Ohmen zum Gebiet der Freiherren Riedesel zu Eisenbach (mehr und ausführlichere Informationen dazu in 1,7). Konflikte schienen schon allein durch die unterschiedlichen Zugehörigkeiten vorprogrammiert, schlimmer jedoch wog die Tatsache, dass die Licher Grafen, die das Präsentationsrecht der Pfarrer für die Groß-Eichener Kirche (bis zum Jahr 1833) besaßen, in den 1520er Jahren und auch noch lange Zeit danach (bis 1562) am alten katholischen Glauben festhielten, während die Riedesel bereits 1527 mit der Einführung der Reformation in ihrem Gebiet begonnen hatten.

Lange wurde darüber gerätselt, wann es in Groß-Eichen wohl den ersten evangelischen Prediger gegeben haben möge, da die offizielle Liste der evangelischen Pfarrer Groß-Eichens erst mit Johannes Vipertus (1561-1584) und seinem Nachfolger Konrad Altag (1584-1612) beginnt. Rubin verweist in seiner *Heimatgeschichte* im Zusammenhang mit der Inschrift der ältesten heute noch im Dachstuhl befindlichen Glocke darauf (wie es auch in der Groß-Eichener Pfarrchronik verzeichnet ist), dass es bereits in den 1550er Jahren einen evangelischen Pfarrer in Groß-Eichen gegeben habe[29]. Die größte und älteste der vier Groß-Eichener Glocken stammt aus dem Jahr 1552 und trägt folgende Inschrift: *„Joh. Henr. Mor hujus eccle Pastori (unleserlich) vitä mai anno am fuen Juni Anno Domini 1552 sum const. Anna vocatum. (Hund.) vol th.*" Diese Inschrift ist wahrscheinlich folgendermaßen zu übersetzen: Dem Johann Heinrich Mor, dem Hirten dieser Kirche, in seinem (unleserlich) Lebensjahr, am fünften Juni 1552 bin ich hergestellt, Anna werde ich genannt, hundert (?) volle Taler.

Die älteste Glocke im Kirchturm der Groß-Eichener Kirche, Anna, aus dem Jahre 1552

[29] Vgl. Rubin, S. 45ff..

Ein Johann Heinrich Mor lässt sich in den alten Pfarrerregistern nicht finden, es wäre aber möglich, dass der Licher Stiftsgeistliche Heinrich Mohr gemeint ist, der am Marienstift in den 1540er Jahren wirkte. 1544 wird er in den Licher Stifts-Regesten gemeinsam mit einem Mitkanoniker namens Melchior Meißner als Baumeister erwähnt, der „von den Einwohnern zu Eichen für den verkauften Zehnten zu Eichen, Ruppertenrod und Zeilbach 190 Gulden" entgegengenommen und quittiert hat. Daraus lässt sich auf jeden Fall eine Verbindung zu Groß-Eichen nachweisen, und es wäre sicher möglich, dass Mohr als Stiftskanoniker auch eine gewisse Zeit als Seelsorger für Groß-Eichen tätig war. Dies wäre auch zeitlich möglich, da die zweite Erwähnung aus dem Jahr 1555 stammt, als Mohr als Kantor des Stiftes genannt und als neuer Inhaber des Sebastiansaltares in der Hungener Pfarrkirche eingesetzt wird.[30] Mohr starb am 22. März 1565, sein Grabstein befindet sich in der Licher Marienstiftskirche.[31] Obwohl auch das Marienstift zu Lich offiziell bis zu seinem Konfessionswechsel nach 1562 bereits von evangelischem Gedankengut durchdrungen war, ist nicht gesichert, ob Mohr schon evangelisch beeinflusst oder noch katholisch gesinnt war.

Somit lässt sich also nicht sicher feststellen, ob der auf der Glocke genannte Pfarrer der Groß-Eichener Kirche, Johann Heinrich Mor, tatsächlich ein evangelischer Seelsorger war. Aber selbst wenn, so war er nicht - wie lange Zeit vermutet – der erste evangelische Pfarrer in Groß-Eichen! Wie oben bereits erwähnt, war man lange davon

---

[30] Vgl. Küther, S. 242ff., wird Mohr als Vikar des Stifts (1539), Kanoniker (1542) und Kantor (1553) genannt. Im dort Urkunden- und Regestenanhang wird Heinrich Mohr in Nr. 347 und 348 (S. 411) und 391 (S. 423) erwähnt.

[31] Eine Abbildung des Grabsteins findet sich bei Küther, S. 213.

ausgegangen - so auch Wilhelm Diehl in seiner Schrift *Evangelische Bewegung und Reformation* -, dass in den Gemeinden Groß-Eichen und Ober-Ohmen wegen ihrer Zugehörigkeit zum Licher Marienstift die Reformation erst sehr spät eingeführt wurde.[32] Zwar vermutete Diehl in seinem *Reformationsbuch* bereits, dass Groß-Eichen und Ober-Ohmen schon in den 1530er Jahren lutherisch gewesen sein könnten, doch fehlten ihm zu dieser Zeit noch die entsprechenden Belege.[33]

Eduard Edwin Becker veröffentlichte im Jahr 1935 in einem Aufsatz in den von ihm, Wilhelm Diehl und Fritz Herrmann herausgegebenen *Beiträgen zur hessischen Kirchengeschichte* einen für die bisherige Geschichtsforschung völlig neuen, aber weithin in der Folgezeit unberücksichtigten Gesichtspunkt zur Groß-Eichener Reformationsgeschichte.[34] Diehl und Becker waren bei Arbeiten im Licher Marienstiftsarchiv und dem Riedeselischen Samtarchiv auf einen Briefwechsel zwischen dem Licher Patronatsherrn Graf Philipp zu Solms-Lich und den Freiherren Riedesel zu Eisenbach aus dem Jahr 1531 gestoßen, in dem es um Unstimmigkeiten in der Besetzung der Groß-Eichener Pfarrstelle ging, zu der schließlich auch die Groß-Eichener Bevölkerung und der damalige (evangelische) Grünberger Pfarrer Position bezogen haben. Doch was war geschehen? Im Jahr 1531 muss die Pfarrstelle vakant geworden sein, und die Freiherren zu Riedesel entsandten, ohne mit dem Marienstift oder dem Licher Patronatsherren Rücksprache zu halten, einen "ge-

[32] Vgl. Diehl, *Ev. Bewegung und Reformation*, S. 85.
[33] Vgl. Diehl, *Reformationsbuch*, S. 355.
[34] Vgl. Becker, „Reformationsgeschichte", S. 254ff.. Auch Küther nimmt darauf entsprechend Bezug, S. 202 und S. 399.

schickten Prädikanten“ nach Groß-Eichen, der das Evangelium nach der neuen Lehre Luthers predigte. Aus den Unterlagen erfahren wir leider nur seinen Vornamen: Er wird stets „Herr Peter“ genannt. Diese in den Augen der Licher Stiftsherren unrechtmäßige Besetzung führte nun dazu, dass sie sich in ihren Rechten gekränkt sahen und ihren katholischen Schutzherren, Graf Philipp zu Solms-Lich, um Hilfe baten. Daraufhin wandte sich der Patronatsherr in einem Brief im August 1531 an Johann Riedesel und forderte von diesem, die Stiftsrechte nicht zu schmälern. Die Brüder Riedesel (von „allen Riedeseln zu Eisenbach, Gebrüder“) schickten vier Wochen später eine Antwort nach Lich. Darin entschuldigten sie sich zunächst für die Verspätung, da in dieser Zeit ihr Onkel Theodor (noch ein treuer Anhänger der katholischen Lehre) verstorben sei und sie „mit großen obliegenden Sachen“ beschäftigt waren. Dann verwiesen sie auf ihre Pflicht, als Inhaber der hohen und niederen „Oberkeit“ dafür zu sorgen, dass ihre Untertanen „mit dem christlichen Wort versehen“ würden und machten den Vorschlag, dass der Licher Graf als Oberherr des Marienstiftes verfügen solle, dass dieses den von ihnen geschickten Prädikanten (nachträglich) präsentieren solle, dann werde es in seinen Rechten ungeschmälert bleiben.

Das wollten aber weder Graf Philipp zu Solms-Lich noch die Stiftsherren. Das Stift erteilte daraufhin einem Caspar Hauman (oder Heuman) die Präsentation und schickte ihn, wie es kirchenrechtlich vorgeschrieben war, nach Mainz, woher er mit der offiziellen Belehnung der Pfarrei Groß-Eichen zurückkehrte. Damit waren aber weder die Groß-Eichener noch die Freiherren Riedesel zufrieden, die ihm die Anerkennung versagten. Erneut wandte sich das Marienstift an Graf Philipp, der die Beschwerde an die Riedesel weiterleitete. Diese reagierten mit einem Kompromissvorschlag: Hauman solle rechtlich die Pfarrei behalten, sie aber mit einem geschickten Prediger versehen lassen. Was heute erstaunlich, ja fast unvorstellbar ist, war im Mittelalter regelmäßiger Brauch: Ein Geistlicher wurde Inhaber der Pfarrei, erhielt deren Einkommen, musste aber vor Ort keinen Dienst tun, sondern ließ die Arbeit durch einen Stellvertreter (Vikar) erledigen. Dieser wiederum erhielt einen Teil des Einkommens seines Vorgesetzten. Auf diesen Vorschlag der Riedesel wollten sich die Licher aber keinesfalls einlassen, beharrten auf ihrem Recht und lehnten ab.

Das ließ nun die Mitglieder der Groß-Eichener (und zu dieser Zeit noch die zu Groß-Eichen gehörende Lardenbacher) Gemeinde aufbegehren: Sie wandten sich an ihre Junker, weil sie gehört hätten, Hauman sei auf ihre Pfarrei vertröstet. Darauf formulierten sie ihre Kritik an Hauman und schrieben u.a., dass er „zu dem hohen trefflichen Amte ungeschickt, ungelehrt, unerfahren und dem reinen Evangelium im Herzen ungewogen" sei und es dem „ungeschickten tollen Männlein" nur auf das Einkommen der Stelle ankomme. Sie baten nachdrücklich, ihnen ihren jetzigen „Herrn", den Herrn Peter, der „der Gemeinde gefällig und tauglich" sei, zu belassen. Unterstützung erhielten die Groß-Eichener durch ein Schreiben des damaligen Grünberger Pfarrers Johannes Born, der Caspar Hauman in Grünberg kennengelernt hatte, ihn für völlig ungeeignet hielt und „Herrn Peter" nachdrücklich lobte und ihm einen untadeligen Lebenswandel bescheinigte.

Bedauerlicherweise ist nicht weiter dokumentiert, wie die Sache letztlich ausgegangen ist, doch wird hier deutlich, mit welchem Nachdruck die Gemeinde ihr Recht auf einen geeigneten Pfarrherrn vorbrachte, und dass man ab 1531 in Groß-Eichen auf jeden Fall evangelisch gesinnt war. „Herr Peter“ war also erwiesenermaßen der erste evangelische Pfarrer, der in Groß-Eichen seinen Dienst tat. Leider lässt sich aber bisher nicht mehr über ihn in Erfahrung bringen, und es ist auch wegen fehlender Belege nicht feststellbar, was zwischen „Herrn Peter“ (1531) und Pfarrer Mor (1550er Jahre) bis zum ersten amtlich nachweisbaren Pfarrer Johannes Vipertus (1561-1584 in Groß-Eichen) noch alles geschehen ist.

Johann Riedesel und das Marienstift scheinen aber aus dem Vorfall in Groß-Eichen gelernt zu haben, denn 1532 musste die Pfarrstelle in Ober-Ohmen neu besetzt werden. Ein Vermerk dazu sich findet bei Küther: „Stephan Baffmann von Bergzabern, Priester, bekennt, dass er auf Bitten des Johann Riedesel zu Eisenbach, Erbmarschall zu Hessen, durch Dekan und Kapitel des Marienstiftes Lich als rechten Kollatoren mit der Pfarrei Ohmen beauftragt wurde“.[35] Hier hatte man also im Vorfeld Einigung erzielt, und der von den Riedeseln ausgesuchte Kandidat wurde von den Lichern bestätigt. Das Licher Marienstift jedenfalls reagierte auf diese und wahrscheinlich noch zahlreiche andere Vorfälle im Juni 1533 mit einer Bestätigung, der Übertragung des Präsentationsrechtes auf Graf Philipp zu Solms-Lich. Dazu heißt es: „Dekan und Kapitel des Marienstiftes Lich bekennen, dass sie aus (ungenannten) wichtigen Ursachen veranlasst worden sind, die Verleihung aller geistlichen Stellen samt Gerech-

[35] Vgl. Küther, (320), S. 401.

tigkeiten und Zubehör mit Einwilligung des Erzbischofs (von Mainz) dem Grafen Philipp zu Solms-Lich zu übertragen“. Diese Verlautbarung wurde im Dezember 1534 durch Dr. jur. Valentin von Teutleben, Domkanoniker und Generalvikar des Kardinals und Erzbischofs Albrecht von Mainz nochmals bestätigt.[36] In der entsprechenden Urkunde wird zu Beginn festgehalten, wie und auf welche Weise das Marienstift zu Lich gegründet, ausgestattet und gefördert und welche Pfarrkirchen mit ihren Filialen ihm inkorporiert worden waren (hier wird auch die Pfarrei Eychen genannt). Es wird sodann darauf verwiesen, „dass sich der heutige Stadtherr, Graf Philipp zu Solms, in den durch die gefährlichen Sekten unruhigen Zeiten als strenger und gerechter Patron und Sachwalter“ erwiesen habe. „Die genannten Pfarrkirchen und Filialen“ seien „in Gebieten gelegen, in denen die gottlosen und verdammungswürdigen Sekten blühen und täglich gegen Gottesdienst und Zeremonien neues unternommen wird. Der kleinere Teil liege im Herrschaftsbereich des Grafen Philipp, wo sich Pfarrer entgegen den Dekreten der heiligen Väter und den kanonischen Bestimmungen nicht scheuen, Frauen zu heiraten. Dies sei der Stiftskirche Lich, der diese Pfarreien inkorporiert sind, wenig förderlich. Dekan und Kapitel erlitten unerträglichen Schaden und die Kirche könne aus ihren Patronatsrechten keinen Vorteil ziehen, weil die Vikare die Pfarrkirchen und ihre Güter nicht gebührend gegen Verschleuderung verteidigen könnten.“ Deshalb, so der letzte Absatz der Urkunde, hätten Dekan und Kapitel das Präsentationsrecht aller Pfarrkirchen dem Grafen Philipp zu Solms übertragen, „dergestalt, dass Dekan und Kapitel auf die durch Tod oder freiwilligen

[36] Vgl. Küther, (322), S. 401, (329), S. 403f..

Verzicht frei werdenden Pfarrkirchen dem Grafen eine geeignete Person benennen, die dieser präsentieren wird.“

Nach dem Tod von Graf Philipp zu Solms-Lich im Jahr 1544 kam es im Jahr 1548 zur sog. Solmser Erbteilung. Die Linie Solms Lich wurde in die Linien Solms-Lich und Solms-Laubach aufgeteilt. In einer entsprechenden Urkunde legte man genau fest, welche Gebiete und Anteile Graf Reinhard zu Solms-Lich und Graf Friedrich Magnus zu Solms-Münzenberg erhalten sollten. Das Präsentationsrecht für die Pfarrei Groß-Eichen verblieb bei der Linie Solms-Lich, Graf Reinhard war und blieb damit der Patronatsherr der Pfarrei.

7. Die Lutherische Landeskirche der Freiherren Riedesel zu Eisenbach und ihre evangelische Pfarrei Groß-Eichen

Nach geltendem evangelischem Kirchenrecht waren die Freiherren Riedesel zu Eisenbach[37] seit der Einführung der Reformation nicht nur die weltlichen Regenten über ihr kleines Territorium, sondern auch die obersten geistlichen Herren. Das politische Gebiet war ein bunt zusammengesetztes Gebilde, das einerseits aus hessischen, hersfeldischen, fuldischen, pfälzischen, später auch mainzischen Lehen bestand und andererseits aus nicht lehnbaren Teilen. Doch so vielfältig die politische Zusammensetzung des Territoriums der Riedesel war, so einheitlich konnten sie die Kirchenhoheit ausüben, und daher ist es durchaus legitim, von der „Lutherischen Landeskir-

[37] Im Rahmen der Groß-Eichener Kirchengeschichte kann leider nicht ausführlicher auf die Geschichte und historische Entwicklung der Riedesel Freiherren zu Eisenbach eingegangen werden. Umfassend dargestellt wird sie in dem von Becker, Zschaeck und von Galéra herausgegebenen siebenbändigen Werk *Die Riedesel zu Eisenbach.*

che“ der Riedesel zu sprechen, die in dieser Form von der Einführung der Reformation bis zur Mediatisierung im Jahre 1806 Bestand hatte. Diese kleine Landeskirche umfasste zunächst zwölf Pfarreien[38], später erfolgte eine genauere Einteilung in vierzehn Pfarrbezirke: 1. Stadtbezirk Lauterbach mit dem Werth und den Filialdörfern Heblos und Rimlos, 2. Maar mit Wernges, 3. Wallenrod mit Reuters, 4. Stockhausen mit Schadges und Rixfeld, 5. Frischborn mit Eisenbach, Sickendorf, Blitzenrod und Almenrod, 6. Angersbach mit Rudlos, 7. Landenhausen, 8. Ober-Ohmen mit Ruppertenrod, Unterseibertenrod und Zeilbach, 9. Groß-Eichen mit Klein-Eichen, 10. Engelrod mit Rebgeshain, Eichelhain, Eicherode, Hörgenau und Lanzenhain, 11. Hopfmannsfeld mit Dirlammen, 12. Nieder-Moos mit Obermoos, Gunzenau, Wünschenmoos, Metzlos, Metzlos-Gehaag, Bannerode, Vaitshain, Heisters und Zahmen, 13. Freiensteinau mit Fleschenbach, Radmühl, Salz, Holzmühl und Reichlos und 14. Altenschlirf mit Weidmoos, Noesberts, Steinfurt und Schlechtenwegen.[39]

Die Freiherren sahen und fühlten sich als die „von Gott über ihre Untertanen gesetzte Obrigkeit“, deren Wesen Martin Luther eingehend in seiner 1521 erschienenen Schrift *An den christlichen Adel deutscher Nation* beschrieben hatte, und sie nahmen ihre Verantwortung mit großem Ernst und mit viel Sorgfalt wahr, denn mit den Beschlüssen des Speyerer Reichtages[40] von 1526 und des sog. Nürnberger

[38] Vgl. Becker: „Die Kirchenordnungen im Gebiet der Riedesel zu Eisenbach“, S. 75.
[39] Vgl. von Galéra: *Die Riedesel zu Eisenbach*, Band 5, S. 47.
[40] Der **Reichstag zu Speyer** dauerte vom 25. Juni bis 27. August. Es wurde beschlossen, die Umsetzung des Wormser Edikts den Ständen so zu überlassen, wie sie es vor Gott und dem Kaiser verantworten könnten. Mehrere lutherische Landesherren gründeten daraufhin Landeskirchen, die ihnen neben der weltlichen auch die höchste geistliche Gewalt in ihrem Territorium einräumten.

Anstandes[41] von 1532 waren ihnen besondere Rechte und Pflichten zugefallen.

In den ersten Jahren mussten vor allem die kirchlichen Belange neu organisiert und geregelt werden. Dazu gehörte auch eine erste – vorläufige – Kirchenordnung aus den 1530er Jahren, die aus dem Zwang heraus entstanden sein dürfte, welche notwendigen Anordnungen zum Schutz des Gottesdienstes zu treffen seien.[42] Von der Form her war sie eine staatliche Anordnung, für deren Durchführung und Einhaltung die Beamten der Riedesel überall im Land verpflichtet und sogar persönlich haftbar gemacht wurden.[43] Diese erste Ordnung regelte zunächst, welche gesetzlichen Feiertage zu halten und dem Sonntag gleichzustellen waren: der Christtag mit den beiden nachfolgenden Tagen, der Neujahrstag, das Epiphaniasfest, der Ostertag mit zwei nachfolgenden Tagen, der Himmelfahrtstag, Pfingsten mit zwei nachfolgenden Tagen und die drei Marienfeste (!), die auf Jesus Bezug nehmen: Empfängnis Jesu (Annunciationis,

---

[41] Der **Nürnberger Religionsfrieden**, schon von Zeitgenossen auch „Nürnberger Anstand“ genannt, war ein Friedensschluss, in dem Kaiser Karl V. und die Protestanten am 23. Juli 1532 in Nürnberg zum ersten Mal (befristet) eine gegenseitige Rechts-, und Friedensgarantie für den gegenwärtigen konfessionellen Besitzstand vereinbarten. Er schloss damit die protestantischen Reichsstände in den Reichslandfrieden mit ein. Das Wormser Edikt, das die Protestanten in die Acht erklärte, war damit faktisch aufgehoben. Der Kaiser erklärte sich damit einverstanden, alle Religionsprozesse beim Reichskammergericht einzustellen. Die Verfolgung der Protestanten wurde beendet und die Reformation konnte sich nunmehr ungehindert ausbreiten. Die Entscheidung Kaiser Karls V., den Nürnberger Religionsfrieden zu schließen, erklärt sich aus der außenpolitischen Situation des Heiligen Römischen Reichs. Nach der Besetzung Ungarns durch die Türken brauchte Kaiser Karl zur Abwendung der Türkengefahr im Reich freie Hand. Den protestantischen Fürsten, die sich 1531 im Schmalkaldischen Bund zusammengeschlossen hatten, ging es hauptsächlich um die Sicherung ihrer politisch-wirtschaftlichen Interessen, da sie durch die Einziehung des katholischen Kirchenguts und den Aufbau eines eigenen Landeskirchenregiments ihre Machtbasis vergrößern wollten.

[42] Diese und alle im Folgenden behandelten Kirchenordnungen können im Wortlaut bei Becker nachgelesen werden, vgl. Becker: „Kirchenordnungen“, S. 75-132.

[43] Vgl. Becker, a.a.O., S. 76ff..

25. März), Darstellung (Purificationis, 2. Februar) und die Begegnung mit Elisabeth (Visitationis, 2. Juli). Die eigentlichen (katholischen) Marientage, die keine biblische Begründung besaßen, waren weggefallen. An den Gedenktagen der Apostel und dem Michaelistag sollte man „die predigen anheben wie uf einen Sonntag, und noch der predigen mag ein iglicher seiner Arbeit und gescheft warten". Diese Gedenktage waren also im Gegensatz zu den ganzen, dem Sonntag gleichgestellten Feiertagen, nur „halbe" Feiertage, an denen man nach der Predigt der Arbeit und seinen Geschäften nachgehen konnte. Der Sonntag selbst fand keine Erwähnung, da er selbstverständlich als Feiertag vorausgesetzt wurde. Es fällt auf, dass der Gründonnerstag und der Karfreitag völlig fehlen und nicht als Feiertage galten. Im Anschluss werden die Strafen und das Strafmaß bei Nichtbeachtung und Widersetzung gegen diese Ordnung aufgeführt.

Diese erste - vorläufige – Kirchenordnung hatte den dringendsten Bedürfnissen genügt, da die kirchliche Rechtslage bedingt durch Auseinandersetzungen, Kriege und zahlreiche Rechtsstreitereien der Riedesel mit den Nachbarn ohnehin verworren war. Erst mit dem Passauer Vertrag[44] und drei Jahre später mit dem Augsburger Religionsfrieden kehrte endgültige Rechtssicherheit im Riedeselterritorium ein, und nun konnte sich die kleine Landeskirche tatsächlich herausbilden. Eine eigene Kirchenbehörde war aber noch nicht ge-

[44] Der **Passauer Vertrag** vom 2. August 1552, der zwischen dem römisch-deutschen König Ferdinand I. und den protestantischen Reichsfürsten unter der Führung Moritz' von Sachsen nach dem Fürstenaufstand geschlossen wurde, stellte die formale Anerkennung des Protestantismus dar, die mit dem Augsburger Religionsfrieden von 1555 reichsrechtlich festgeschrieben wurde. Der Vertrag wurde im Passauer Lamberg-Palais verhandelt und abgeschlossen. Unterzeichnet wurde er im Schloss der Grafen Solms in Rödelheim.

schaffen worden, und auch in den einzelnen Gemeinden gab es noch kein eigenes Leitungsgremium, doch wurde später ein eigenes Konsistorium in Lauterbach eingesetzt. Ein erstes deutliches und sichtbares Zeichen für die Präsenz der Landeskirche war die Kirchenordnung von 1557, die der Form nach eine echte und ausführliche Kirchenordnung darstellte und in allen Pfarreien Gültigkeit hatte.

Wie viele Ordnungen dieser Zeit ist sie als Ansprache an die Untertanen verfasst worden mit der Bestimmung, sie (vermutlich) jährlich neu von den Kanzeln zu verlesen und zu wiederholen. Der Verfasser (wahrscheinlich ein Pfarrer der Riedeselischen Landeskirche) hatte darin das zusammengestellt, was ihm wichtig und notwendig erschien. Zunächst sorgte er sich, dass zahlreiche Untertanen ohne das nötige Wissen um die religiösen Dinge lebten und starben, und er sah es als Pflicht der Obrigkeit an, auch in dieser Beziehung für ihre Untertanen zu sorgen. So schreibt er, dass es um das Wissen über die „Artikel des Glaubens" (Vater unser, Zehn Gebote, das Abendmahl und die Taufe) schlecht bestellt sei. Deshalb sollte nach Beratung der Freiherren Riedesel mit ihren Pfarrern an jedem Mittwoch ein Katechismus-Unterricht stattfinden, der an die Betstunden anknüpfte und von Alt und Jung besucht werden sollte, soweit man die „Kinderlehre" noch nicht auswendig konnte. Der Besuch dieses Unterricht und der Gottesdienste wird daraufhin allen eingeschärft, es werden Strafen bei Nichtbefolgung erläutert, und es wird ebenso den zuständigen Personen (Bürgermeister etc.) eine Aufsichtspflicht darüber auferlegt. Sodann erfolgt eine Verordnung über das Fluchen und die Gotteslästerung, der Bestimmungen über die Sonntagsheiligung, das Trinken von Branntwein und die Eheschließung folgen.

Anschließend werden wieder die als Feiertag zu begehenden Feste genannt. Die Unterscheidung von halben und ganzen Feiertagen, wie sie in der ersten Ordnung noch zu finden war, ist entfallen, es gibt nur noch ganze Feiertage, aber es sind Ausnahmen möglich, die mit der Behörde und dem Pfarrer abgesprochen werden müssen. Interessant sind die Ausführungen über die Taufe und das Abendmahl: Die Paten mussten vor der Taufe in einer persönlichen Unterredung mit dem Pfarrer ihre Eignung nachweisen. Ferner durfte nur der an der Tauffeier teilnehmen, der vorher auch den Gottesdienst besucht hatte: „Wer aber in der kirchen nit erscheint und doch sich zum gefres und sauffen findet, sal nach erkenntnus der obergkeit strafbar sein." Wer am Abendmahl teilnehmen wollte, musste ebenfalls am Vorabend dem Pfarrer sein Wissen darüber persönlich unterbreiten, und es war Pflicht des Pfarrers, die Gemeinde darin zu unterweisen. Jeder Untertan musste einmal jährlich das Abendmahl empfangen, Abendmahlsrecht und -pflicht begannen mit dem zwölften Lebensjahr. Da es noch keinen Kirchenvorstand bzw. ein Leitungsgremium in den Kirchengemeinden gab, hatten Bürgermeister und Gemeinderechner für die Durchführung der Bestimmungen und auch die Umsetzung von Bestrafungen zu sorgen. Die Strafen waren klar erläutert: Bereits einmaliges Versäumen des Gottesdienstes konnte mit Strafen an Leib und Gut geahndet werden, fünfmalige Versäumnis hatte die Verbannung aus dem Riedeselland zur Folge. Einmaliges Fluchen führte zum Einsitzen im Turm in Lauterbach bei Wasser und Brot, fünfmaliges Fluchen konnte auch zur Ausweisung führen. Wer während des Gottesdienstes seine Waren feilbot oder Wein oder Branntwein ausschenkte, verlor seine Waren und hatte auch noch eine Leibesstrafe zu erwarten.

1577 folgte nach der Eingabe zweier riedeselischer Pfarrer der Entwurf einer veränderten Kirchenordnung, die im Wesentlichen eine Erweiterung und Ergänzung der vorhergehenden darstellte und in wichtigen Teilen neu geordnet wurde. Einige Dinge konnten auch herausgenommen werden, da sich die Verhältnisse im Land in den letzten 20 Jahren vielfach zum Besseren hin verändert hatten. Ob dieser Entwurf tatsächlich als neue Kirchenordnung umgesetzt wurde, ist nicht belegt, aber die Riedesel erließen 1583 eine Polizeiordnung, die auch kirchliche Belange wie Kirchgänge und Feiertage, Zechen vor und während der Predigt, Gotteslästerung, Tanzen und Abhalten von Spinnstuben und Karten- und Würfelspielen regelte und Zuwiderhandlungen und Verfehlungen mit empfindlichen Strafen belegte. Neu eingesetzt wurden hier wöchentliche Aufseher, die Vergehen zu melden hatten.

Nachweislich wurde erst 1679 eine neue Kirchenordnung erlassen. Becker weist darauf hin[45], dass es in den gut 100 Jahren zwischen dem Erscheinen der Polizeiordnung von 1583 und 1679 zahlreiche Erlasse und Verfügungen gegeben habe, dass sich aber kein Hinweis auf eine neue Kirchenordnung finde. Da es keine eigene Agende, also ein für die Pfarrer verbindliches Buch mit den Gottesdienstabläufen und der Liturgie, gab (dazu war das Gebiet einfach zu klein), hatte man die sog. *Hüttenbergische Kirchenordnung* (1574 bzw. 1601 zu Marburg erschienen) in der Riedeselischen Landeskirche eingeführt, jedoch als Gottesdienstbuch, nicht als Kirchenordnung. Aber wie sich zeigt, hatten die Pfarrer und Kirchengemeinden nicht nur die sog. agendarischen Stücke, sondern auch andere Ein-

---

[45] Vgl. Becker, a.a.O., S. 89ff..

richtungen aus der hüttenbergisch-hessischen Ordnung übernommen. So wurde in dieser Zeit in der Riedeselischen Landeskirche auch das Amt der „Senioren“, das es in Hessen und dem Hüttenberger Gebiet bereits gab, nach deren Vorbild eingeführt. Bisher hatten ja die weltlichen Beamten über die Einhaltung der Kirchenordnungen zu wachen, nun wurde (ungefähr ab 1627) dazu das Kirchenvorsteheramt eingesetzt. Gewiss haben manche, die bisher damit betraut waren, die Tätigkeit der Senioren als Eingriff in ihre bisherigen Rechte betrachtet, und mancher Widerstand musste erst überwunden werden.

Somit bestanden die Ordnungen von 1557/77 und die hüttenbergische nebeneinander. Schwierigkeiten tauchten dort auf, wo beide Ordnungen nicht deckungsgleich waren, beispielsweise bei Bestimmungen über die Einhaltung gewisser Feste und Feiertage usw., und vermutlich wird sich jeder Pfarrer dann die jeweils bessere Version ausgesucht haben.

Auch die Einführung der Konfirmation im Riedeselland dürfte auf das Vorbild der Hüttenberger Ordnung zurückgehen. Die Konfirmation kann als eine hessische Erfindung gelten und geht auf den Straßburger Reformator Martin Bucer zurück. Landgraf Philipp der Großmütige hatte 1539 in der sog. „Ziegenhainer Zuchtordnung“ die Konfirmation verbindlich eingeführt. Die Hüttenberger Ordnung hatte die Konfirmation daraus übernommen. Mangels verlässlicher Quellen lässt sich nicht sagen, ob und wann die Konfirmation im gesamten Gebiet der Riedesel eingeführt worden war – das älteste Groß-

Eichener Kirchenbuch von 1672 enthält das erste uns überlieferte Konfirmandenverzeichnis.

Die Zeit zwischen den beiden Kirchenordnungen war geprägt von den Wirren des Dreißigjährigen Krieges, der auch im Territorium der Riedesel Spuren der Verwüstung und Zerstörung hinterlassen hat und dem auch dort viele Menschenleben zum Opfer fielen. Von den Kriegswirren betroffen waren ebenfalls die Pfarrämter, da die meisten Bestände an alten Kirchenbüchern und Pfarrarchiven verbrannten, vernichtet oder gestohlen wurden.

Auch mit der Sonntagsheiligung und der allgemeinen kirchlichen Ordnung war es nicht zum Besten bestellt. Deshalb erließen die Riedesel im November 1632 neben einer begrenzten Anordnung für drei Monate eine umfassende Sonntagsordnung für Pfarrer und Untertanen, aus deren Inhalt man schließen kann, dass die Hüttenberger Ordnung keine allgemeine Gültigkeit besessen haben kann. 1639 wurde erneut das gottesdienstliche Fehlverhalten gerügt. Unter anderem heißt es da: „vornemlich aber scheuen sich etzliche nicht, an Sonn- und Feiertagen die auf Werkeltage gehörige Arbeit [...] zu verrichten, die Weibspersonen bleiben mehrenteils Son- und feiertage, vornemlich die Freitage, wenn Gottes Wort gepredigt wird, zu Hause, teils stehen sie unter werendem Gesange und Gottesdienst auf dem Kirchhoffe, treiben liderlich Geschwetze, hernacher in Verlesung des Gebetts und der Epistel kommen sie in die Kirche, machen oftmaln ein solch Gepolter, das die Betende in ihrer Andacht verhindert werden; andere stehen an und vor der Kirchentür und schwatzen unter der Predigt mit einander, andere gehen anderen unzimlichen Dingen nach". Die Untertanen werden abschließend zum Besuch der sonntäglichen, feiertäglichen und wöchentlichen Predigten und Betstunden angehalten und ermahnt. Damit die Zuwiderhandelnden gebührend bestraft werden können, sollen „die Seniorn und wöchentliche Inspectores und Aufseher darüber gute Aufsicht haben und die Übertreter melden."

Nach dem Ende des Dreißigjährigen Krieges normalisierte sich das Leben im Riedeselland. 1669 ließen die Riedesel in ihrem Gebiet eine Kirchenvisitation durchführen, deren Protokolle leider verloren gegangen sind. Die Pfarrer werden dabei auch auf Schäden und Verluste durch die Kriegswirren aufmerksam gemacht haben. In vielen Pfarreien waren die alten Ordnungen nicht mehr vorhanden, und es herrschte allgemein der Wunsch, in kirchlichen Dingen wieder einheitlich verfahren zu können. Daher konnte im September 1679 eine neue und umfassende Kirchenordnung herausgegeben werden, die 1708 und 1742 in erweiterter und ergänzter Form erneut veröffentlicht wurde und 20 Punkte umfasste. Eine vom 26. September 1679 datierte Abschrift dieser Kirchenordnung befindet sich im ersten Groß-Eichener Kirchenbuch von 1672. 1768 wurde noch einmal eine Presbyterialordnung erlassen, die das Gepräge einer Polizeiordnung trägt. 1784 erschien die letzte Verordnung der Riedesel, die sich noch einmal eingehend mit der Feiertagsfrage beschäftigte. Bemerkenswert ist, dass darin nun der Gründonnerstag zum halben und Karfreitag zum vollen Feiertag erklärt wird, allerdings mit Einschränkung: „der grüne Donnerstag wird halb gefeiert; der Charfreitag aber soll von nun an ‚ganz' gefeiert werden, jedoch so, daß nach geendigtem Mittag-Gottesdienst werktägliche Arbeit zu tun erlaubt ist."

Nach diesem geschichtlichen Gesamtüberblick stellt sich natürlich die Frage, welche konkreten Folgen die Kirchenordnungen in Groß-Eichen mit sich brachten und wie Pfarrer und Gemeinde damit umgingen. Im ältesten Kirchenbuch von 1672 sind Informationen über die Art und Anzahl der Vergehen und deren Strafmaß verzeichnet, und auch aus der *Pfarrchronik* können wir darüber ein wenig mehr erfahren:

Pfarrer Paul schreibt 1858 u.a. dazu: „Unter dem Regiment der Herren von Riedesel wurde eine sehr strenge Sonntagsfeier eingeführt und auch ihre Haltung überwacht. Die Feiertagsverordnung vom 26ten September 1679 in 20 Artikeln (siehe das aelteste Kirchenbuch) bestimmt z.b., daß Sonntags nur Eine erwachsene Person aus der Kirche bleiben, sonst das ganze Haus in die Kirche gehen müsse. Zur Versäumung des Gottesdienstes war besondere Erlaubniß vom Pfarrer nöthig; wer sich nicht wegen der Versäumung entschuldigen konnte, mußte 5 Albus Strafe bezahlen. Oeffentliche Verächter des göttlichen Wortes sollten an Leib und Gut gestraft, und wenn sie sich nicht besserten aus dem Land gejagt werden.

Eine andere Sonntagsfeier vom 27. December 1799 verbietet das Kaufen und Verkaufen, unmäßiges Fressen und Saufen, Karten und Kugelspiel, das Arbeiten am Flachs, das Gehen über Feld des Handelns halber; gebietet wiederholt, den ganzen Tag in Predigt und in die Katechismuslehre zu gehen und setzt im Uebertretungsfalle eine Strafe von Geld, Einsetzen in den Turm und andere Leibstrafen fest, welche ‚unnachlässig und empfindlich' an den Fehlenden vollzogen werden sollten.

Zur strengen Ausführung der Kirchengesetze wurde unter der Riedeselschen Regierung noch strenge Kirchenzucht gehandhabt. Von den Kirchensenioren wurden in jeder, alle Monate nach dem Bettag abzuhaltenden Sitzung die darauf bezüglichen Beschlüsse gefaßt und dann zur Vollziehung, nach vorhergegangenem Berichte an die weltliche Behörde in Lauterbach, geschritten. Auch wurde häufig von andern Strafen, besonders von der Kirchenbuße, jedoch unter der Bedingung dispensirt, die Geldstrafe vorher zu zahlen.

Die Kirchenbuße wurde sehr häufig als Strafmittel angewandt. Sie bestand darin, daß die Sünder oeffentlich die Kirche, welche sie geärgert, um Verzeihung bitten, und während der Predigt vor der Kanzel stehen mußten, bei geringeren Vergehen ohne, bei schweren mit brennender Kerze, ‚weil er den leidigen Teufel sich habe verführen lassen', wie es in dem Protokoll heißt; das Versprechen eines besseren Lebens mußten sie zugleich geben. Sie wurde besonders den geschlechtlich fehlenden auferlegt, die vor dem Convent ins Verhör genommen und, Bursche und Mädchen, einander gegenüber gestellt wurden. Gewöhnlich war mit der Buße auch noch 14 tägige Thurmstrafe und eine Geldstrafe verbunden, bei fortgesetztem Ehebruch sogar die Ausweisung aus dem Lande und 50 fl[46] Geldstrafe. – Nach den vorhandenen Protokollen findet sich diese Kirchenstrafe schon 1672, die letzte im Jahre 1818, und wurden auch, ohne grade große Besserung zu bewirken und bedeutenden Erfolg zu haben

[46] Die Abkürzung fl bzw. fl. steht für Florin und bezeichnet stets einen (Gold)-Gulden.

(denn die Zahl der Unzüchtigen blieb sich in jedem Jahr nach den Protokollen gleich,) anfangs respectirt. Später kamen schon Fälle vor, wo die Vorgeladenen nicht erschienen und sie durch den Amtmann von Ober-Ohmen gezwungen werden mußten, vor dem Pfarrer zu erscheinen."

Zu den „Geldstrafen als Mittel der Kirchenzucht" lesen wir: „Als höchste kommen 50 fl vor gegen Ehebruch, für Karten und Kugelspiel am Sonntag 5 fl für Fluchen und Schwören, für das Vollsaufen 1fl (beim Todtsaufen Verweigerung des ehrlichen Begräbnisses); auf Störung des Gottesdienstes 2 fl für das Ausbleiben aus der Katechismuslehre, zu welcher alle ledigen Personen verpflichtet waren und besondere Versäumung der Eltern, Haus väter und Haus mütter verantwortlich gemacht und zur Strafe dann selbst mit den Kindern ins Examen genommen werden sollten, 5 Kreuzer Strafe. Auf Hurerey stand außer der Kirchenbuße u 14 Tage Thurm eine Geldstrafe von 5 fl bis 10 Thaler. Störung des Gottesdienstes durch Schlaf ward mit ½ bis 2 fl gestraft; das Arbeiten am Sonntage mit 1 fl. Die Spinnstuben waren bei 3 fl verboten und denen, welche bei nächtlichen Zusammenkünften, wenn sie ledig waren erwischt wurden, wurden außerdem die gewöhnlichen Solennitäten beim Kirchengang entzogen. Das Anzeigen des ersten Ausgangs der Wöchnerin beim Pfarrer war ebenfalls mit Strafandrohung im Unterlassungsfall geboten. Selbst unmäßiges Tabakrauchen ward mit Geldstrafe belegt und diejenigen, welche Sünden nicht anzeigten, ebenso wie die Sünder gestraft; sogar wegen Lästerung und unnützer Worte wurde Einer einmal mit 10 Albus 1672 bestraft. Das Recht des Genusses des Heiligen Abendmahls und der Patenschaft wurde selbst den

‚Gehässigen und Unversöhnlichen' genommen. Unverbesserliche bekamen überhaupt keine solenne Beerdigung und wurden auf dem Kirchhofe auf einem abgesonderten, besonderen Platz begraben. Das Niederknien beim heiligen Abendmahl ward ebenfalls öfters als Strafe angeordnet."

Emanuel Edwin Becker beschließt seine Ausführungen über die Kirchenordnungen der Riedesel mit folgenden Gedanken, die auch heute durchaus noch relevant und zutreffend sind und auf die Frage eine Antwort zu geben versuchen, was denn all die Strafen bewirkt haben: „Was ist nun in den zweihundertfünfzig Jahren erreicht worden, in denen wir die Entwicklung der riedeselschen Kirchenordnungen beobachten konnten? Man könnte trüb darüber urteilen und meinen, alle Anordnungen und jede Verordnung waren nur Schläge ins Wasser. Durch alle Jahrhunderte geht der Kampf für eine strengere Heiligung des Sonntags, gegen Tanzen, Spielen und andere Volksbelustigungen, gegen geschlechtliche Sünden und Ausschreitungen, für strengere Kirchlichkeit. Man meinte, mit Zwangsmitteln sittliche und religiöse Ziele erreichen zu können. Und man vergriff sich nicht selten in den Mitteln, wie in der Aufstellung der Ziele. In dem Bestreben, sündliche Dinge auszurotten, versuchte man, dem Volk auch seine harmlosen Freuden zu nehmen, mit denen es sich für saure Wochen voll harter Arbeit entschädigen wollte. Hier konnte den Kirchenzuchtordnungen ein dauernder Erfolg nicht beschieden sein. Wohl aber wurde doch eine verhältnismäßig hohe Sittlichkeit durch sie erreicht. Zwar zeigen uns die Bücher der Kirchenkonvente, daß mancherlei Unschönes und Unerfreuliches vorkam. Aber schon die verschwindend geringe Zahl der unehelichen Kinder weist auf den hohen Stand der geschlechtlichen Sittlichkeit hin. Es waren doch nur Ausnahmefälle, die vor die Kirchenkonvente kamen. Und wenn heute noch [Anm. der Verf.: 1932!] in den Vogelsbergdörfern ein sehr guter Kirchenbesuch und eine hohe Zahl der Abendmahlsgäste festzustellen ist, so ist das zweifellos eine Folge der Kirchenordnungen, die mehr als zwei Jahrhunderte eine solche Gewöhnung schufen, daß auch der Fortfall des Zwanges sie nicht völlig zerstören konnte."[47]

Doch nicht nur säumige und sündige Gemeindeglieder wurden bestraft, auch mit der lieben Pfarrerschaft scheinen die Riedesel des Öfteren ihre Mühe gehabt zu haben. So wird berichtet, dass sie auch darüber gewacht haben, dass die Pfarrer pünktlich ihre Pflicht taten und keinen Anlass zum Ärger gaben. Besonders schlimm scheint es um die Pünktlichkeit gestanden zu haben, denn von Galéra schreibt, dass „sie einen schweren Kampf gegen die Unpünktlichkeit und Bequemlichkeit der geistlichen Herren zu führen" hatten. Der erste Lauterbacher Stadtpfarrer Fenner, der auch geistlicher Inspektor war, wurde im Mai 1730 ermahnt, seinen Pflichten pünktlich und gewissenhaft nachzukommen, für wiederholte Versäumnisse wurde ihm die sehr hohe Strafe von 50 fl angedroht. Doch es gab auch andere „Unsitten": Manche Pfarrer ließen sonntags oder bei Beerdigungen junge Theologiestudenten für sich predigen und verschafften sich so einen freien Sonntag oder Vor- bzw. Nachmittag. Solche Dienste waren Ausnahmen und bedurften der Genehmigung der Herrschaft oder des Konsistoriums in Lauterbach. Einigen Pfarrern wurden ihre ärgerlichen Kanzelreden, anderen ihr

---

[47] Vgl. Becker, a.a.O., S. 132.

aufsässiges Verhalten gegen das Konsistorium vorgeworfen. Doch es galt auch anstößige Vorkommnisse zu ahnden und zu beseitigen: Fast immer ging es um geschlechtliche Verfehlungen bzw. entsprechende Vorwürfe. So wurde 1719 ein Pfarrer aus Freiensteinau vom Amt suspendiert, weil eine „in Haft sitzende unverschämte Dirne" seinen erwachsenen Sohn beschuldigt hatte, mit ihr Ehebruch begangen zu haben. 1728 musste sich ein Pfarrer aus Landenhausen wegen „praematurum concubitum" (vorehelichem Geschlechtsverkehr) vor dem Samtkonsistorium in Lauterbach verantworten, und 1731 erhielt ein offenbar unverheirateter Pfarrer aus Maar einen Verweis, weil er „trotz vielfältigen Abmahnens und Zuredens dennoch sein Bäßgen bei sich zu Hause behalte; es werde darüber in den Nachbarorten übel gesprochen und es entstehe viel Ärgernis". Der Pfarrer sollte das Mädchen innerhalb sechs Wochen aus dem Hause schaffen oder er musste mit Bestrafung rechnen. Eine kurze Randbemerkung verrät den Ausgang: „Diese hat sich selber abgeschafft und zur anderswärtlichen Heurath bequemet." Abschließend sei noch von einem besonderen Fall in Stockhausen berichtet: Im Mai 1724 wurde der dortige Pfarrer angezeigt, weil er zu Ostern eine „ärgerliche Predigt" gehalten habe, 1738 taufte er ohne Genehmigung eine zugezogene Katholikin und 1746 traute er ein Ehepaar und unterschlug „den Einspruch einer Weibsperson aus Sachsen", den er nicht dem Konsistorium meldete. Für die „vorsätzliche Unterschlagung" hatte er fünf Taler vom Bräutigam bekommen. Als der Vorfall dem Konsistorium bekannt wurde, musste er zur Strafe 50 fl und die fünf Taler für den Lauterbacher Kirchenbau spenden. Für weitere Vorkommnisse dieser Art wurde ihm angedroht, „vom Amte removiert“ zu werden.[48]

Aus den Ausführungen über das kirchliche Alltagsleben im Riedeselland und die strenge Umsetzung und Befolgung der Kirchenordnungen wird deutlich, welchen Stellenwert das religiöse Leben und der Glaube für die Freiherren Riedesel zu Eisenbach in dieser Zeit besaß. Gewiss lag es auch an der Tatsache, dass die Kirche jenes Gebiet des öffentlichen Lebens war, auf dem sie in ihrem Territorium – im Gegensatz zu den politischen Strukturen - praktisch uneingeschränkt herrschen, leiten und regieren konnten, auch die noch vorhandenen Protokolle der zahlreichen Kirchenvisitationen belegen dies eindrücklich. Doch mussten sie gelegentlich auch auf dem ihnen eigenen kirchlichen Gebiet fremde Eingriffe und Anmaßungen abwehren. Wieder ist es ein gut dokumentierter Vorfall[49], der die Pfarrei Groß-Eichen und deren Patronatsherren, die Grafen zu Solms-Lich, betrifft: Im Jahre 1744 musste die Groß-Eichener Pfarrstelle nach dem Tod von Pfarrer Johann Konrad Pauli, der von 1702-1743 als Nachfolger seines Vaters Johann Georg Pauli Groß-Eichener Pfarrer gewesen war, neu besetzt werden. Graf Friedrich Wilhelm zu Solms-Lich ließ den neuen, den Riedeseln zu präsentierenden Pfarrer Johann Georg Müller, vor dessen Präsentation am 20. Dezember 1743 einen Revers unterschreiben, in dem dieser sich dem Kirchenpatron gegenüber in gewissen Punkten verpflichtete. Das Original dieses Schreibens befindet sich im zweiten Groß-Eichener Kirchenbuch und ist vom Patronatsherren und vom Pfarrer

[48] Vgl. von Galéra, a.a.O., S. 51f..
[49] Vgl. von Galéra, a.a.O., S. 44f..

unterschrieben. Im Frühjahr 1744 erhielt Müller von der gräflichen Kanzlei in Lich die Aufforderung, bei Verlust seines Amtes innerhalb von vier Wochen der Kanzlei eine „Spezifikation aller Pfarrgefälle" vorzulegen. Die Riedesel waren empört und forderten durch ihren Rat eine Erklärung durch die Licher Kanzlei ein und ließen mitteilen, dass „wann künftighin dem Praesentationsschreiben nicht copia derer Reversalia würde beygelegt sein" man die Präsentation nicht annehmen werde. Im Dezember 1745 legte die gräfliche Kanzlei Lich das Antwortschreiben vor, dem der Revers von Pfarrer Müller beilag. Darin versuchte der Solmser Kanzleidirektor die darin enthaltene Klausel zu rechtfertigen und schrieb dazu, dass diese und andere darin enthaltene bedenkliche Bestimmungen nicht gestrichen würden.

Einen gleichen Revers hatte bereits 1740 Pfarrer Wilhelm Christoph Rau vor seiner Präsentation auf die Ober-Ohmener Pfarrstelle unterzeichnen müssen. Erbmarschall Hermann Riedesel Freiherr zu Eisenbach ließ daraufhin den beiden Pfarrern mitteilen, dass er „dergleichen ohnerlaubten Eingriffen in unser Episcopalrecht ohnmöglich nachgeben" könne und fügte hinzu „alß haben wir besagte beyde Reverse hiermit in dießen und anderen verfänglichen Clausuln für null und nichtig erkläret". Ferner ließ er wissen, „daß man künfftig keinen praesentatum, der da nicht zugleich seinen ausgestellten Revers nebst dem Praesentationsschreiben in beglaubigter Abschrift produciren wird, annehmen, am wenigsten aber denselben zu der Pfarre admittiren werde, wann in dem Reversbrieff mehrere Verbindlichkeiten wie in dem Praesentationsschreiben alß dessen relatio enthalten sein werden."

8. Die kirchengeschichtliche Entwicklung ab dem Jahr 1806 und ihre Folgen für die Pfarrei Groß-Eichen

„Napoleon ist an allem schuld“: Der Titel des 1938 entstandenen Films des Regisseurs und Schauspielers Curt Goetz trifft auch auf die Ereignisse zu, die ab 1803 weltgeschichtlich das Heilige Römische Reich Deutscher Nation und regionalgeschichtlich das Riedeselland in ihren Grundfesten erschütterten und deren Existenz vernichteten. Um diese Geschehnisse und deren Folgen besser versteh- und die Zusammenhänge nachvollziehbar machen zu können, soll zunächst ein kurzer Überblick über die politische und geschichtliche Entwicklung Europas nach 1789 helfen.[50]

Napoleon Bonaparte (1769 -1821) stieg während der Französischen Revolution in der Armee kometenhaft auf und erwies sich als ein militärisches Talent ersten Ranges. Vor allem die Feldzüge in Italien und in Ägypten machten ihn populär und zu einem großen politischen Hoffnungsträger der Franzosen. Dies ermöglichte ihm, durch einen Staatsstreich im November 1799 die Macht in Frankreich zu übernehmen, zunächst als Erster Konsul der Französischen Republik und ab 1804 als Kaiser der Franzosen, indem er sich selbst zum Kaiser krönte.

Im Machtbereich der anderen europäischen Großmächte formierte sich Widerstand, und es kam gegen Napoleon zu kriegerischen Auseinandersetzungen, den sog. Koalitionskriegen. Infolge des für die antifranzösische Koalition ungünstigen Verlaufs der Koalitionskriege waren das Königreich Preußen (1795) und das Erzherzogtum

[50] Vgl. dazu die entsprechenden Artikel des Onlinelexikons *Wikipedia*.

Österreich (1797) zum Friedensschluss mit dem revolutionären Frankreich gezwungen. Österreich verpflichtete sich, sich bei einem Friedensschluss zwischen Frankreich und dem Reich dafür zu verwenden, dass das linke Rheinufer von Basel bis an die Nette bei Andernach an Frankreich abgetreten werde. Nach dem Wiederaufleben der Feindseligkeiten und der Niederlage Österreichs und Bayerns in der Schlacht bei Hohenlinden (1800) war Kaiser Franz II. – jetzt auch für das Deutsche Reich insgesamt – zum Friedensschluss gezwungen. Im Frieden von Lunéville (1801) willigten Kaiser und Reich in die Abtretung des linken Rheinufers an Frankreich ein. Zugleich wurde bestimmt, dass die deutschen Fürsten, welche auf dem linken Rheinufer Gebiete einbüßten, durch andere deutsche Gebiete entschädigt werden sollten. Durch die Abtretung verlor eine Vielzahl von Reichsständen linksrheinisch gelegene Territorien oder zumindest große Teile davon. Zu berücksichtigen ist aber, dass kein Reichsstand durch die Abtretung „landlos" wurde, da sie sämtlich auch rechtsrheinische Territorien besaßen. Verloren ging indessen eine große Zahl reichsunmittelbarer, aber nicht reichsständischer Territorien, insbesondere die der Reichsritterschaft.

Im sog. Reichsdeputationshauptschluss 1803 wurde festgelegt, dass diejenigen weltlichen Fürsten abgefunden werden sollten, denen durch die Revolutionskriege Besitz verloren gegangen war. Dies geschah durch Auflösung kleinerer weltlicher Herrschaften (Mediatisierung) und durch Enteignung kirchlicher Territorien und Besitztümer (Säkularisation). Die geistlichen Fürstentümer und andere Besitzungen der Kirche wie Klöster oder die bisherigen fürstbischöflichen Residenzen fielen an weltliche Landesherren. Der

Reichsdeputationshauptschluss wurde im März 1803 vom Reichstag einstimmig angenommen. Allerdings hatten bereits Ende 1802 die meisten geistlichen Fürsten auf ihre weltlichen Herrschaftsrechte und damit auf Sitz und Stimme im Reichstag verzichtet. Die Säkularisation und die anschließende Mediatisierung veränderten das Reich völlig. Nachdem die Reichsritterschaft, der auch die Riedesel Freiherren zu Eisenbach angehörten, und viele kleine Fürstentümer bis 1806 ihre Selbständigkeit verloren hatten, reduzierte sich die Zahl der reichsunmittelbaren Territorien von einigen hundert auf vorläufig vierunddreißig. Der Reichsdeputationshauptschluss schuf also aus einer Vielzahl kleiner und kleinster Gebiete und Territorien eine überschaubare Anzahl von Mittelstaaten.

Fürstentümer wie Baden, Bayern oder Württemberg konnten große Gebietsgewinne verbuchen, die nur teilweise durch Verluste gerechtfertigt waren. Napoleon war es gelungen, eine Reihe von Satellitenstaaten zu schaffen, die groß genug waren, um dem Deutschen Kaiser Franz II. Schwierigkeiten zu machen, aber zu klein, um die Position Frankreichs zu gefährden.

Am 12. Juli 1806 wurde durch die Staaten Bayern, Württemberg, Baden, Hessen-Darmstadt, Nassau, Kleve-Berg und weitere Fürstentümer mit Unterzeichnung der Rheinbundakte in Paris der sog. Rheinbund gegründet, als dessen Protektor Napoleon fungierte. Die Mitglieder des Bundes erklärten am 1. August den Austritt aus dem Reich. Schon im Frieden von Preßburg (2. Dezember 1805), der den Dritten Koalitionskrieg beendete, hatte Franz II. akzeptieren müssen, dass Bayern, Württemberg und Baden mit voller Souveränität ausgestattet und dadurch mit Preußen und Österreich gleichgestellt wurden. Baden, Hessen-Darmstadt und Berg wurden zu Großherzogtümern ernannt. Diese Länder befanden sich seitdem faktisch außerhalb der Reichsverfassung. Am 6. August 1806 legte Kaiser Franz II. die Reichskrone nieder und erklärte das Heilige Römische Reich Deutscher Nation für aufgelöst. Bis 1808 schlossen sich weitere 20 deutsche Staaten dem Rheinbund an.

Mit den Befreiungskriegen 1813 begann der Rheinbund allmählich auseinanderzubrechen. Die ersten, die in das Lager der Verbündeten Preußen und Russland übergingen, waren Mecklenburg-Strelitz und Mecklenburg-Schwerin. Die übrigen Rheinbundfürsten hielten zunächst noch am Bündnis mit Frankreich fest und billigten die neuen Rüstungsforderungen Napoleons. Die um Österreich vermehrten Verbündeten beschlossen am 9. September 1813 in Teplitz als Kriegsziel nicht nur die territoriale Wiederherstellung Preußens und Österreichs, sondern auch die Zerschlagung des Rheinbundes. In der Folge ging Bayern auch auf Druck der wachsenden nationalen Bewegung im Land auf die Seite der Verbündeten über und trat aus dem Rheinbund aus. Damit sicherte das Land seine Souveränität und bis auf den Verlust Tirols seine territoriale Unversehrtheit. Für die nachlassende Bindekraft der napoleonischen Hegemonie spricht, dass während der Völkerschlacht bei Leipzig sächsische und württembergische Truppen zu den Alliierten überliefen. Württemberg, Baden, Hessen-Darmstadt und Nassau folgten dem bayerischen Beispiel, schlossen Verträge mit Österreich ab und standen zuletzt auf der Seite der Alliierten.

Der Wiener Kongress legte unter der Leitung des österreichischen Außenministers Fürst von Metternich in der Zeit vom 18. September 1814 bis zum 9. Juni 1815 die Grenzen Europas nach der Niederlage Napoleons und der französischen Armee in der Völkerschlacht bei Leipzig 1813 neu fest. Politisch bevollmächtigte Vertreter aus rund 200 europäischen Staaten, Herrschaften, Körperschaften und Städten, darunter alle bedeutenden Mächte Europas, berieten und zeichneten die Landkarte Europas neu. Die Säkularisierung der geistlichen Territorien und die Mediatisierung der weltlichen Staaten und Gebiete wurde, trotz vieler Eingaben und zahlreicher Proteste der betroffenen Regenten, nicht rückgängig gemacht. Insofern blieb die Zahl der deutschen Staaten und Gebiete deutlich geringer als in vorrevolutionärer Zeit.

Nach diesem Exkurs über die große europäische Geschichte lenken wir unseren Blick nun zurück auf die Ereignisse und Vorgänge dieser Jahre in Groß-Eichen und im Riedeselland: Bereits seit 1797 spürten die Riedesel und viele Herren kleiner reichsunmittelbarer Herrschaften das Damoklesschwert der Mediatisierung über sich schweben. Man war beunruhigt, doch man vertraute in Lauterbach auf die kaiserlichen Zusagen und Versicherungen und man zweifelte keinen Augenblick daran, dass sich der Kaiser allen Mediatisierungsplänen widersetzen werde. Dennoch sorgten immer wieder neue Gerüchte für Aufregung und Beunruhigung. Die Riedesel fürchteten die Einverleibung ihres Territoriums in eines der beiden großen hessischen Staatsgebiete. Seit dem Vertrag von 1713 war ein Teil ihrer Herrschaft schon der Steuerhoheit der Landgrafschaft Hessen-Darmstadt als sog. „kontribualbles Gebiet“ unterstellt. Zu den kontribuablen Gebieten gehörte u.a. auch das Gericht Ober-Ohmen mit den Dörfern Ober-Ohmen, Ruppertenrod, Unter-Seibertenrod, Zeilbach, Groß-Eichen und Klein-Eichen. Ebenfalls unklar war, was mit der Reichsritterschaft, der man ja angehörte, geschehen würde. Viele Möglichkeiten wurden durchgespielt und sondiert: Eine Unterwerfung unter Hessen-Kassel, eine Unterwerfung unter die Landgrafschaft Hessen-Darmstadt, Austritt oder Verbleib in der Reichsritterschaft. Während man in Lauterbach noch nachdachte und nach Auswegen suchte, wurden in Paris endgültige Fakten geschaffen. Durch die Unterzeichnung der Rheinbundakte am 12. Juli 1806 erhielt der Landgraf von Hessen-Darmstadt den Titel eines Großherzogs im königlichen Rang. Das Gebiet der Riedesel wurde seinem souveränen Großherzogtum restlos einverleibt. Am 4. August 1806 marschierten in allen Dörfern des Riedesellandes französische Truppen ein, Lauterbach wurde besetzt. Auf Nachfrage erhielt man die Auskunft, dass das immediate Gebiet für denjenigen Herrn besetzt werde, für den es bestimmt sei. Am 20. August bekam man Gewissheit, dass der Großherzog von Hessen-Darmstadt das Gebiet restlos übernehmen werde, und am 23. August erkannten die Freiherren Riedesel die hessische Hoheit an. Nun ging alles ganz schnell, hessische Beamte übernahmen die Verwaltung, die französische Besetzung zog Ende September ab. Am 1. Oktober 1806 traf die hessen-darmstädtische Übernahmekommission in Lauterbach ein, am Nachmittag des 2. Oktober nahm der Kommissar die Huldigung des Stadtrates und der in der Stadt anwesenden riedeselischen Beamtenschaft entgegen. In den nächsten Tagen wurde die Huldigung in allen anderen Gerichten durchgeführt: Alle Schultheißen, Bürgermeister, Schöffen, Förster, Pfarrer und Lehrer des Riedesellandes wurden vereidigt. Damit war das ganze Territorium dem Großherzog von Hessen-Darmstadt untertan, und auch Groß-Eichen war endgültig zu einem großherzoglich-hessischen Dorf geworden.

Nach außen hin vollzog sich die Eingliederung des Riedesellandes in das Großherzogtum Hessen schnell und reibungslos. Für die Freiherren und ihre bisherigen Untertanen aber bedeutete sie einen schweren seelischen Schock.

Wie oben erwähnt, wurden auch die Pfarrer der 14 Pfarreien des Riedesellandes durch die Huldigung zu großherzoglich-hessischen Pfarrern. Die Lutherische Landeskirche der Riedesel hatte aufgehört zu existieren, die Riedesel waren nicht mehr die geistlichen Oberhäupter und Bischöfe ihrer Kirche, die bisher geltenden Kirchenordnungen und Gesetze verloren ihre Gültigkeit. Wie auf der staatlichen Seite auch wurde die kirchliche Verwaltung umgehend neu strukturiert.

Fortan trugen die dem Großherzogtum Hessen-Darmstadt durch die Rheinbundakte einverleibten kirchlichen Gebiete die Bezeichnung „Souveränitätslande“. Diese erfuhren 1810 durch einen mit dem Großherzog von Baden geschlossenen Staatsvertrag eine Erweiterung, und die Zahl der Orte und Pfarreien betrug 129.[51] Nach den Beschlüssen des Wiener Kongresses gab es nach 1816 nochmals einige territoriale Veränderungen.

[51] Das Folgende nach Diehl, „Pfarrer-und Schulmeisterbuch“, S. 3ff.

Die Pfarreien der Souveränitätslande wurden, nach lutherischen und reformierten Pfarreien getrennt, durch Verfügung vom 2. April 1808 in bereits bestehende oder neu zu gründete großherzoglich-hessische Inspektorate eingegliedert. Mit dieser Eingliederung war ab dem 1. Januar 1808 auch die Führung neuer Kirchenbücher verbunden. Der Groß-Eichener Pfarrer Johann Friedrich Karl Müller vermerkt am 24. September 1807 im zweiten Kirchenbuch der Kirchengemeinde Groß-Eichen, „dass auf großherzoglich höchste Anordnung" ab dem Jahre 1808 neue und nach Kasualien getrennte Kirchenbücher zu führen seien. Für die Einrichtung neuer Inspektorate galt der Grundsatz, dass „soviel thunlich, ein Inspektorat einen standesherrlichen Bezirk ganz in sich fassen müsse, weil ein Inspektor viel mit der Civil-Obrigkeit zu thun hat und es die Geschäfte erleichtert". Im Falle der ehemaligen Riedeselgebiete wurde dieser Grundsatz allerdings nicht ganz berücksichtigt: Groß-Eichen und Ober-Ohmen wurden mit ihren Filialen dem bereits bestehenden Inspektorat Ulrichstein eingegliedert, die restlichen zwölf Pfarreien erhielten ein neues Inspektorat mit Sitz in Lauterbach. Die Inspektorate wiederum waren auf die drei oberhessischen Superintendenturen verteilt. Die Inspektorate Schlitz, Lauterbach, Laubach und Ulrichstein wurden der sog. dritten Superintendentur zugeschlagen.

Die staatsrechtlichen Verhältnisse der Standesherren wurden in der Deklaration vom 1. August 1807, die der ehemaligen unmittelbaren Reichsritterschaft in der Deklaration vom 1. Dezember geregelt. In diesen Deklarationen geht es unter anderem auch um die „Staats-Kirchen-Gewalt" der Standesherren, die durch die Mediatisierung das ius episcopale (landesherrliches Kirchenregiment) in ihrem Gebiet verloren hatten. Diehl erwähnt von den ihnen bewilligten Rechten: das allgemeine Präsentationsrecht bei Besetzung der in den Standesherrlichen Bezirken befindlichen Pfarr- und Schulstellen, die unmittelbare Aufsicht und Verwaltungs-Obsorge über die Kirchenkästen, Schul-Fonds und milde Stiftungen, dies alles unter staatlicher Oberaufsicht und mit einigen weiteren Beschränkungen, die in der Deklaration genannt werden. Zur Ausübung der den Standesherren bewilligten „beschränkten Staats-Kirchen-Gewalt" wurde ihnen gestattet, Unterkonsistorien zu errichten. An diesen Unterkonsistorien waren die Riedesel noch nicht beteiligt. Im Jahre 1820 wurden sämtliche Unterkonsistorien aufgehoben und an ihrer Stelle wurden Konsistorien eingesetzt, an deren Leitung sowohl der Landesherr wie die in Betracht kommenden Standesherren beteiligt waren. In einem im Februar 1820 erlassenen und im März 1820 veröffentlichten Edikt war hinsichtlich „der standesherrlichen Gerechtsame in Kirchen-Sachen" u.a. verordnet, dass den Standesherren des Großherzogtums die Aufsicht in Kirchen- und Schulsachen und über milde Stiftungen verbleibt, jedoch nach Vorschrift der Landesgesetze. Auch das Präsentationsrecht bei der Besetzung von Pfarr- und Schulstellen, die Verwaltung der Kirchenkassen, Schulfonds und milder Stiftungen bleiben in der Regelung der Verordnung von 1808 bestehen. Zur Ausübung der Aufsicht in Kirchen- und Schulangelegenheiten und über milde Stiftungen haben die Standesherren eigene Behörden aufzustellen.

Am 14. März 1828 wurde das Großherzoglich Hessische Freiherrlich Riedeselische Konsistorium zu Lauterbach errichtet, nachdem endlich auch den Riedeseln auf Grund der „Deklaration, die staatsrechtlichen Verhältnisse der Freiherren Riedesel zu Eisenbach betreffend“ vom 13. Juli 1827 die den Standesherren in o.g. Edikt bewilligten Rechte zugesprochen worden waren, ohne dass die Riedesel selbst zu Standesherren wurden. Das Konsistorium erstreckte sich über die patrimonialgerichtsherrlichen Orte im Landratsbezirk Lauterbach und über die Orte Ober-Ohmen und Groß-Eichen und bestand bis zu seiner Aufhebung im August des Jahres 1848.

Mit dem Jahr 1848 begann in den „Verhältnissen der Standesherren und adeligen Gerichtsherren“ eine neue Zeit. Ein am 7. August 1848 erlassenes Gesetz hob die bisher den Standesherren zugebilligten Rechte und Pflichten in Staats-Kirchen-Fragen, besonders im Blick auf das Patronat, auf, weshalb auch die Konsistorien überflüssig wurden. Es wurde ausdrücklich angemerkt, dass diese Ausführungen „auch für die Familie der Freiherren von Riedesel und für die adeligen Gerichtsherren, insoweit es auf deren Verhältnisse Anwendung leidet, gelte“. Nach 1858 wurden die Bestimmungen des Gesetzes von 1848 wieder aufgehoben und viele verlorene Präsentationsrechte wieder verliehen, wovon auch die Riedesel profitieren konnten.

Das Patronat für die Groß-Eichener (und Ober-Ohmener) Pfarrstelle der Grafen zu Solms-Lich blieb auch nach 1806 bestehen. Am 22. November 1833 wurde durch Verfügung das Nominationsrecht des Marienstiftes zu Lich aufgehoben und von dem Grafen zu Solms-Lich zugunsten des hessischen Staates auf das Präsentationsrecht hinsichtlich aller außerhalb seiner Standesherrschaft gelegenen

Pfarrstellen, und damit auch auf das Präsentationsrecht für die Pfarrstelle Groß-Eichen, verzichtet.

Im Jahre 1832 fand eine kirchliche Verwaltungsreform im Großherzogtum statt, die bereits moderne Züge trägt. Dazu erließ der Großherzog in seiner Eigenschaft als Landesherr das „Edikt die Organisation der Behörden für die evangelischen Kirchenangelegenheiten betreffend". Die bisherigen Provinzialbehörden zog man zu einer „staatlich–kirchlichen Zentral-Mittelbehörde" mit Sitz in Darmstadt zusammen. Die drei Superintendenten wurden zu ausführenden Organen des Oberkonsistoriums, dem sie zugleich angehörten. Das Oberkonsistorium war direkt dem Innenministerium unterstellt. Der Darmstädter Superintendent in Darmstadt wurde „erster geistlicher Rat", die beiden anderen in Gießen und Mainz waren außerordentliche Mitglieder. Ihr Wirkungskreis beschränkte sich auf das geistige und geistliche Leben der Pfarrer und Gemeinden, mit der Verwaltung, z.B. auch der Pfarrstellenbesetzung, hatten sie nichts zu tun. An die Stelle der Inspektoren trat das Amt der Dekane, die die eigentliche geistliche Mittelbehörde zwischen dem Konsistorium und der Gemeinde bildeten. Die Dekanate waren an den politischen Gliederungen der ebenfalls neu eingerichteten Landkreise orientiert. Ein weiteres, am selben Tag erlassenes Edikt „die Organisation der Kirchenvorstände evangelischer und katholischer Konfession betreffend", gab der Kirche erstmals die Möglichkeit der Selbstverwaltung auf Gemeindeebene.

1874 erhielt die evangelische Kirche des Großherzogtums Hessen eine eigene Kirchenverfassung, die am 15. April dieses Jahres in

Kraft trat und nach dem Vorbild der Rheinisch-Westfälischen Kirchenordnung von 1835 erste synodal-presbyteriale Züge trug: Auf Gemeindeebene wurden überall Gemeindevertretungen und Kirchenvorstände eingerichtet; auf Dekanatsebene Dekanatssynoden. Die Landessynode übte die kirchliche Gesetzgebung in Gemeinschaft mit dem Landesherrn aus, der "summus episcopus" blieb. Eine Karte aus dem Jahr 1876[52] zeigt die Gliederung der Superintendentur Oberhessen in zehn Dekanate: Alsfeld, Büdingen, Friedberg, Gießen, Grünberg, Hungen, Lauterbach, Nidda, Rodheim und Schotten. Groß-Eichen gehörte damals wie heute zum Dekanat Grünberg, das zu dieser Zeit allerdings noch anders gegliedert war.

Abschließend soll noch ein kurzer Blick auf die politischen Strukturen und Zugehörigkeiten Groß-Eichens in dieser Zeit erfolgen: Seit dem Vertrag von 1713 gehörte Groß-Eichen als Teil des kontribuablen Gerichtes Ober-Ohmen der Riedesel Freiherren zu Eisenbach zur Landgrafschaft Hessen-Darmstadt, Regierungsbezirk Gießen, Amt Grünberg. 1820 kam es zum Amt Ober-Ohmen, 1821 wurde es dem Landratsbezirk Grünberg, 1832 dem neu gebildeten Kreis Grünberg zugeordnet, der 1848 in den Regierungsbezirk Gießen eingegliedert und 1852 rückgebildet wurde. Mit der Verwaltungsreform von 1874 erfolgte die endgültige Auflösung des Kreises Grünberg, und Groß-Eichen wurde Teil des Kreises Schotten.

---

[52] Vgl. *50 Jahre EKHN. Katalog zur Ausstellung des Zentralarchivs in Darmstadt*, Anhang zu 3a, S. 321.

9. Umbrüche nach 1918: Die neuere und neueste Zeit

Das Jahr 1918 brachte mit dem Ende des Ersten Weltkrieges auch das Ende des Staatskirchentums und des Summepiskopats der Landesfürsten - die Zeit des landesherrlichen Kirchenregimentes war endgültig vorüber. Aus dem Großherzogtum war der Volksstaat Hessen geworden, und die hessische Landeskirche änderte 1922 in Anlehnung an Art. 137[53] der Weimarer Reichsverfassung von 1919 ihre Verfassung, die ein dazu gebildeter Verfassungsausschuss ab 1920 erarbeitete: Die landesherrliche Kirchengewalt ging auf die Synode („Landeskirchentag") über, der geistliche Leiter der Landeskirche trug den Titel Prälat. Zum ersten Prälaten wurde am 9.6.1923 Wilhelm Diehl gewählt, der am 19.8.1923 in der Darmstädter Stadtkirche feierlich in sein Amt eingeführt wurde. Die drei Superintendenturen in Darmstadt (Starkenburg), Mainz (Rheinhessen) und Gießen (Oberhessen) bestanden fort, das Landeskirchenamt wurde zur „obersten kirchlichen Verwaltungsbehörde". So ergab sich eine synodal und behördlich geleitete Kirche mit episkopalen Strukturen, womit die bereits 1832 begonnene Tradition fortgeführt wurde. Doch dieser Verfassung und der neu strukturierten Landeskirche war nur eine kurze Dauer von12 Jahren beschieden, da 1933/34 unter dem Druck der Nationalsozialisten die drei Landeskirchen auf dem Gebiet des Volksstaates Hessen nach dem sog. „Führerprinzip" zur „Evangelischen Landeskirche Nassau-Hessen" zwangsvereinigt

[53] Darin heißt es unter anderem: „Es besteht keine Staatskirche. Jede Religionsgesellschaft ordnet und verwaltet ihre Angelegenheiten selbständig innerhalb der Schranken des für alle geltenden Gesetzes. Sie verleiht ihre Ämter ohne Mitwirkung des Staates oder der bürgerlichen Gemeinde." Dieser Artikel wurde 1949 in das *Grundgesetz der Bundesrepublik Deutschland* übernommen und hat daher bis heute Gültigkeit.

wurden. Es waren die Landeskirchen von (Hessen-) Darmstadt, Nassau und Frankfurt a.M.. An deren Spitze stand ein Landesbischof, den es bisher nur in Nassau gegeben hatte, an die Stelle der Superintendenten traten die Pröpste, denen die Oberaufsicht über die Pfarrer und Dekane ihres Bezirkes oblag. Die Verfassung der Kirche trat am 12.9.1933 in Kraft, die erste gemeinsame Synode der neuen Landeskirche fand am 28. November 1933 in Mainz statt. Am 6. Februar 1934 berief Reichsbischof Müller einen Vertreter der Deutschen Christen zum ersten Landesbischof. Mit Kirchengesetz vom 10. Februar 1934 führte die Landeskirche den sogenannten Arierparagraphen ein, mit dem Menschen jüdischer Abstammung vom Pfarramt und der Beamtenlaufbahn in der Kirchenverwaltung ausgeschlossen wurden. Mit einem weiteren Kirchengesetz gleichen Datums wurden fünf Propsteibezirke eingerichtet: Nassau, Frankfurt am Main, Oberhessen, Starkenburg und Rheinhessen. In besonderen Gottesdiensten wurden die fünf Pröpste in ihr Amt eingeführt. Die aus den Landeskirchen Hessen-Darmstadt und Nassau überkommene mittlere Ebene der Dekanate wurde beibehalten; im April wurden dann 39 Dekanate neu gegliedert.

Nach dem Zusammenbruch des Dritten Reiches herrschte Unsicherheit darüber, ob die Zwangsfusion der drei Kirchen fortbestehen sollte. Obwohl der Wille dazu bestand, bildeten die drei Landeskirchen zunächst drei getrennte vorläufige Kirchenleitungen. Rechtssicherheit stellte dann der Beschluss einer gemeinsamen Synode am 30. September 1947 in Friedberg her: „Der Kirchentag [=Synode] [...] bestätigt den Zusammenschluss [...] kirchlich und rechtlich. Die Kirche trägt den Namen: Evangelische Kirche in Hessen und Nassau". Damit trat die „Evangelische Kirche in Hessen und Nassau" in die Rechtsnachfolge der 1933 gegründeten „Evangelischen Kirche in Nassau-Hessen" ein, ihr erster Kirchenpräsident wurde Martin Niemöller.

Das Gebiet der Evangelischen Kirche in Hessen und Nassau umfasst heute im Wesentlichen den südlichen Teil des Bundeslandes Hessen, die ehemals hessischen Regierungsbezirke Rheinhessen und Montabaur des heutigen Landes Rheinland-Pfalz sowie einige Gemeinden in Nordrhein-Westfalen.

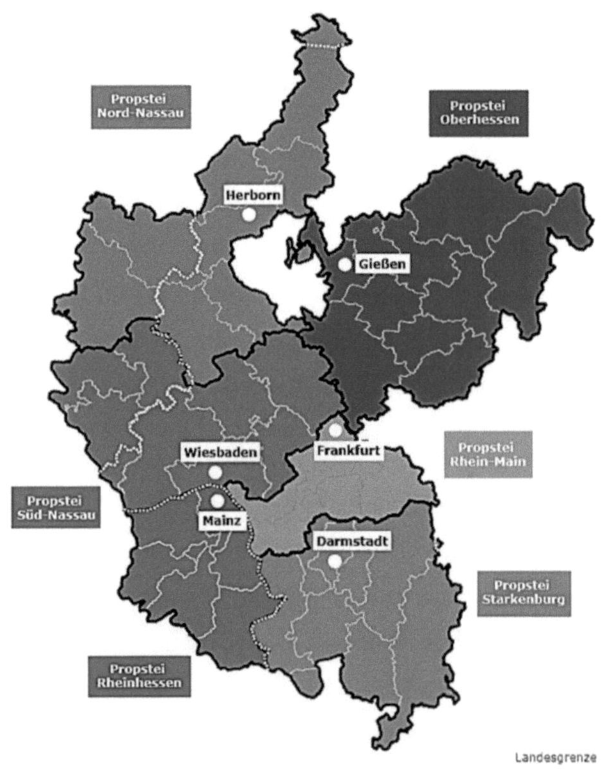

Karte der Propsteien und Dekanate der EKHN, entnommen aus: www.ekhn.de

Organe der EKHN sind die Kirchensynode, die Kirchenleitung und der Kirchenpräsident, der von der Landessynode für acht Jahre gewählt wird. In der Regel soll der Kirchenpräsident mit der Vollendung seines 65. Lebensjahres in den Ruhestand eintreten. Am 27. September 2008 wurde für die Amtsperiode 2009-2017 der Vogelsberger Dekan Volker Jung gewählt. Er setzte sich im zweiten Wahlgang mit 80:74 Stimmen gegen den Wiesbadener Propst Sigurd Rink durch. Er trat sein Amt am 1. Januar 2009 an. Seine Vorgänger waren: 1947–1964: Martin Niemöller, 1964–1968: Wolfgang Sucker, 1969–1985: Helmut Hild, 1985–1992: Helmut Spengler, 1993–2008: Peter Steinacker.

Der Kirchenpräsident hat seinen Amtssitz in Darmstadt in der Kirchenverwaltung der EKHN. Er ist Vorsitzender der Kirchenleitung, die ferner aus der Stellvertreterin des Kirchenpräsidenten, den Pröpsten, dem Leiter der Kirchenverwaltung, zwei Mitgliedern des Kirchensynodalvorstands und zwei bis vier von der Synode gewählten Gemeindegliedern sowie (mit beratender Stimme) den drei Dezernenten der Kirchenverwaltung besteht.

Die Kirchenleitung vertritt und verwaltet die Kirche im Auftrag der Kirchensynode und führt deren Beschlüsse aus. Dazu kann sie Rechts- und Verwaltungsverordnungen erlassen. Außerdem führt die Kirchenleitung die Aufsicht über die kirchlichen Körperschaften und deren Mitarbeiter. Das Leitende Geistliche Amt, als kollektives Bischofsamt eine Besonderheit der EKHN, wurde mit der von der Kirchensynode im Februar 2010 beschlossenen Neufassung der Kirchenordnung abgeschafft.

Das Kirchenparlament der EKHN ist die Kirchensynode. Deren Mitglieder werden von den Dekanatssynodalen gewählt, zehn davon von der Kirchenleitung berufen. Sie tagt zwei- bis dreimal im Jahr, in der Regel im Dominikanerkloster in Frankfurt am Main. Sie ist maßgebend für die geistliche Leitung und kirchliche Ordnung der Gesamtkirche und vertritt grundsätzlich auch die Kirche nach außen. Sie entscheidet in wesentlichen theologischen, rechtlichen, finanziellen und personellen Angelegenheiten von gesamtkirchlicher Bedeutung. Leitungsgremium der Kirchensynode ist der Kirchensynodalvorstand, dessen Vorsitzender der Präses ist. In der Verwaltungshierarchie ist die Landeskirche von unten nach oben wie folgt aufgebaut: An der Basis stehen die Kirchengemeinden als Körperschaften des öffentlichen Rechts mit gewählten Kirchenvorständen und den Pfarrerinnen und Pfarrern. Mehrere Kirchengemeinden bilden zusammen ein Dekanat, an dessen Spitze der Dekan/die Dekanin steht. Die Dekanate sind ebenfalls Körperschaften des öffentlichen Rechts und haben als Gremium die Dekanatssynode mit einem Dekanatssynodalvorstand. Die Mitglieder der Dekanatssynode werden von den jeweiligen Kirchenvorständen der Kirchengemeinden gewählt. Mehrere Dekanate bilden zusammen einen geistlichen Visitationsbezirk (Propstei), dem jedoch keine weiteren Verwaltungsfunktionen zugeordnet sind. Die sechs Propsteien werden von je einem Propst/einer Pröpstin geleitet. Ursprünglich gab es in der EKHN sieben Propsteien. Im Jahr 2000 wurden die damaligen Propsteien Nord-Starkenburg mit Sitz in Offenbach und Frankfurt zur neuen Propstei Rhein-Main mit Sitz Frankfurt am Main zusammengelegt. Darüber hinaus bestehen weiterhin die Propsteien Nord-Nassau mit Sitz in Herborn, Oberhessen mit Sitz in Gießen, Rheinhessen mit

Sitz in Mainz, Starkenburg mit Sitz in Darmstadt (früher Süd-Starkenburg) und Südnassau mit Sitz in Wiesbaden.

Die sechs Propsteien gliedern sich in insgesamt 47 Dekanate. Ursprünglich gab es 61 Dekanate, von denen einige mit dem Inkrafttreten des von der Herbstsynode 2000 beschlossenen Dekanatsstrukturgesetzes zusammengelegt bzw. neu gegliedert wurden.

Die Propstei Oberhessen besteht - wie 1874 die Superintendentur Oberhessen - noch immer aus zehn Dekanaten, deren Grenzen und Zugehörigkeiten sich allerdings z.T. stark verändert haben: Alsfeld, Büdingen, Gießen, Grünberg, Hungen, Kirchberg, Nidda, Schotten, Vogelsberg und Schotten. Groß-Eichen ist, unabhängig von allen politischen Gebietswechseln, immer Teil des Dekanats Grünberg gewesen, und das soll nach Willen aller Verantwortlichen in der Gemeinde auch so bleiben!

EKHN weit gibt es derzeit 1175 Kirchengemeinden in den 47 Dekanaten. Ihre Zahl veränderte sich über die Jahre erheblich. Bis in die siebziger Jahre stieg sie, vor allem in den Städten, durch Teilung oder Neuerrichtung von Kirchengemeinden an. Seit etwa 1990 schließen sich Gemeinden zunehmend wieder zusammen. Hierdurch soll erreicht werden, dass auch in Zeiten zurückgehender Gemeindegliederzahlen und rückläufiger Zuweisungen aus Kirchensteuermitteln die Handlungsfähigkeit erhalten bleibt. Nach dem Willen der Kirchenleitung soll künftig auch die Zahl der Dekanate durch Fusionen weiter verringert werden. Das Dekanat Grünberg, wie auch die beiden Nachbardekanate Hungen und Kirchberg, mit denen man eine Arbeitsgemeinschaft bildet, möchten dies auf jeden Fall verhindern und ihre Eigenständigkeit bewahren.

Im Blick auf die politischen Zugehörigkeiten gab es in diesem Zeitraum auch wieder einige Veränderungen: 1874 war Groß-Eichen, nach Auflösung des Kreises Grünberg, dem Landkreis Schotten zugeteilt worden. Dieser wurde 1938 im Zuge einer kommunalen Gebietsreform aufgelöst und Groß-Eichen wurde in den Landkreis Alsfeld eingegliedert.

Im Zuge der hessischen Gemeindereform 1972 ergaben sich gleich mehrere politische Neuerungen: Wie andere Landgemeinden auch verlor Groß-Eichen seine Selbstständigkeit und wurde Ortsteil der neuen Kommunalgemeinde Mücke. Der Landkreis Alsfeld und der Landkreis Lauterbach wurden zum neuen Vogelsbergkreis vereinigt.

2. Filialgemeinden und pfarramtliche Verbindungen einst und heute

1. Die Wüstungen Wadenhausen und Weniger Eichen

In der unmittelbaren Nähe des heutigen Groß-Eichen gab es zwei Siedlungen, deren Namen und Lage noch bekannt sind, die aber nachweislich vor dem Jahr 1700 aufgegeben bzw. zerstört wurden.

Zwischen Ilsdorf und Groß-Eichen lag die 1370 erstmals urkundlich erwähnte Siedlung Wadenhausen, die dem hessischen Amt Grünberg und damit dem Gericht Nieder-Ohmen zugehörig war. Eine weitere urkundliche Erwähnung des Dorfes erfolgte im Jahr 1391.[54] Gegen Ende des 16. Jahrhunderts gaben die Riedesel Wadenhausen zu Lehen; in diesem Zusammenhang wird nur noch von einem Hof mit einer Mühle, nicht mehr von einem Dorf gesprochen. Rubin verweist auf eine „Nachricht aus dem Jahr 1589", ohne die Quelle genauer zu nennen. Dort werde der Hof „Wadenhaußen" genannt und auch zu dessen Lage nähere Angaben gemacht: „Wadenhaußen. Dies ist ein Hof zwischen Ulßdorff und Großen Neichen, teils auf landgräflichem, teils auf Riedteselischem Gebiet gelegen; hat auch eine Mühle, einen großen Teich und Wiesen und ein Birkengesträuch. Der Scheid (die Grenze) geht durch den Hof. Der Scheidstein mit hessischem und riedeselschem Wappen steht an der Mühlecke und ist, soviel auf fürstlichem Gebiet liegt, ein Bestandteil des Gerichts Nieder Ohmen." Die Mühle, rechts des Ilsbachs gelegen, ist das letzte Relikt der ehemaligen Siedlung Wadenhausen.

[54] Vgl. Rubin, S. 38ff., und Wagner, S.91f..

Sie trägt heute noch den Namen „Wadenhäuser Mühle“ und gehört zu Groß-Eichen.

Im Gebiet des Gerichtes Ober-Ohmen und dem Kirchspiel Groß-Eichen zugehörig, lag die kleine, im Jahr 1446 erstmals urkundlich erwähnte Siedlung Weniger Eichen (auch als Wingereichen bezeichnet). Sie befand sich nördlich des heutigen Groß-Eichen in Richtung Ruppertenrod. Vermutlich hatte man von Groß-Eichen aus die Tochtersiedlung gegründet. Ober-Ohmener Gerichtsbücher aus den Jahren 1602 und 1613 belegen noch die Existenz der Siedlung Weniger Eichen. Aus der Groß-Eichener Pfarrchronik können wir noch ein wenig mehr an Informationen erhalten. Pfr. Jacob Paul schreibt dazu in der Einleitung: „Denn die Sage, welcher in aller Leute Mund geht, hat eine fast an Gewißheit gränzende Wahrscheinlichkeit für sich, daß nemlich an der Stelle wo auf dem Wege von Groß-Eichen nach Ruppertenrod über den von Höckersdorf durch den Wiesengrund herkommenden Bach eine neue steinerne Brücke gebaut worden ist, das Dorf Weniger-Eichen gestanden habe, welches von der dem Dorf Klein-Eichen nachstehenden Zahl von Häusern diesen von den beiden größeren Gemeinden es zugleich unterscheidenden Namen erhalten haben mag. Das Ackerfeld rechts von der Brücke führt auch heut zu Tage noch den Namen ‚Weniger-Eichen-Garten‘ und ein Stück Feld links von dieser Brücke, auf welcher Seite wohl das Ort gestanden haben mag, heißt heute noch in der Leute Mund ‚Dille Scheuern‘, von einer Scheune nemlich so genannt, welche nach der Sage isoliert auf diesem Felde noch gestanden und ganz allein von dem im Dreißigjährigen Kriege zerstörten Orte übrig geblieben sey. Zu dem Kirchenbuch findet sich auch ein in dem angehängten Familienverzeichnisse der Name [...] Dölsches [...] usw. Von diesem kommt jedenfalls der genau gestaltete Name ‚Dille' und in dem Flurbuch der Civilgemeinde zur Bezeichnung der Flur der Name ‚auf dem Dölsches oder Döller'." Gegen die Tatsache einer vollständigen Zerstörung im Dreißigjährigen Krieg spricht ein Beleg, in dem Weniger Eichen 1695 noch einmal genannt wird.[55]

Durch eine andere uns überlieferte alte Sage wissen wir, dass von Groß-Eichen aus weiter die Felder des alten Dorfes Weniger Eichen bewirtschaftet wurden und das Gebiet des ehemaligen Friedhofs der Siedlung später dem Groß-Eichener Schulmeister als Acker diente. Wilhelm Müller[56] weiß darüber mehr zu berichten: „An der Wingen-Eicher-Brücke zwischen Groß-Eichen und Ruppertenrod lag früher ein Dorf, dessen längst verlassenen Friedhof der Schulmeister von Groß-Eichen als Ackerfeld bebaute. Als der Schäfer einmal seinen Pferch dort aufgeschlagen hatte, wurden mit dem Schlag elf Uhr des Abends alle Schafe unruhig. Weder der Schäfer noch der Hund konnten sie zur Ruhe bringen, ja sie sprangen zuletzt über die Hürden und rannten ins Dorf (nach Groß-Eichen). Das wiederholte sich in jeder Nacht, so daß der Pferch abgefahren werden mußte. Später erfuhr der Schäfer, daß der Schulacker der Kirchhof von Wingen-Eichen gewesen sei. Die in der Geisterstunde erwachenden Toten aber waren schuld an der unerklärlichen Unruhe der Schafe."

---

[55] Vgl. Rubin, S. 40, und Kosog, S. 46.
[56] Vgl. Müller, S. 24 u. S. 184.

2. Die Filialgemeinde Klein-Eichen

Schon der Siedlungsname verrät die enge Verbindung Klein-Eichens mit Groß-Eichen und Weniger Eichen. Allerdings ist nicht belegt, wann das Dorf Klein-Eichen entstanden ist. Sicher ist heute allerdings, dass das ursprüngliche Klein-Eichen nicht mit dem heutigen Dorf Klein-Eichen bei Lardenbach identisch ist, aber von Beginn an mit der Pfarrei Groß-Eichen verbunden war.

Pfr. Jacob Paul schrieb 1858 dazu in der Einleitung der Groß-Eichener Pfarrchronik: „Das jetzige Dorf Großen=Eichen hieß früher, wie aus der aeltesten über dasselbe vorhandenen Urkunde aus der erste Hälfte des elften jahrhunderts zu ersehen ist [...] blos ‚Eichen'. [...] Der einfache Name ‚Eichen' kommt noch vor zur Zeit des Pfarrers Alltag, der (nach dem gedruckten, den Decken der beiden aeltesten vorhandenen Kirchenbücher angeklebten Verzeichnisse von Großen-Eichener evangelisch lutherischer Prediger) im Jahre 1584 Pfarrer geworden [...]. Zu welcher Zeit aber das Ort den Namen Großen-Eichen, zum Unterschiede von den jedenfalls erst später zu eignen Ortschaften sich concentrirenden und von frühester Zeit an zur Parochie Eichen gehörenden Häusercomplexen, welche Klein=Eichen u. Weniger=Eichen genannt wurde, bekommen habe, läßt sich nicht mehr ermitteln. Diese Unterscheidung fällt aber ihrer Entstehung nach so weit die vorhandenen Kirchenbücher auszuweisen vermögen, in den Zeitraum von 1584-1672; denn in dem aeltesten Kichenbuche wird auf dem Titelblatt bereits das ‚Filial KleinEichen' von der Muttergemeinde ‚GroßenEichen' unterschieden, für dessen Parochie dieses Kirchenbuch aber im Jahre 1672 angefangen ward. Wahrscheinlich kamen diese unterscheidenden Namen für 3 besondere Dorfschaften, welche theils nur einige Gewanne weit, theils weiter voneinander lagen (denn Klein-Eichen lag früher nicht bei Lardenbach, wo es jetzt liegt sondern näher bei Groß-Eichen), noch vor dem Dreißigjährigen Krieg oder auch während desselben auf.“ (An dieser Stelle folgen nun die Beschreibungen über Weniger Eichen; siehe oben S. 78f.) „Auch Klein-Eichen, welches früher in der jetzigen Gemarkung von Groß-Eichen nach der allgemein verbreiteten Sage gelegen haben soll, und zwar links von dem den Freiherren Riedesel zu Eisenbach gehörigen Buchen-Wäldchen [Anmerkung in einer anderen Handschrift: Born-Wäldchen] neben dem von Großen-Eichen nach Illsdorf führenden, jetzt chaussirt werdenden Wege, von dem Wäldchen das allmählig abgeholzt werden soll und dessen Boden bereits von der Klein-Eichener Gemeinde angekauft worden ist; - auch dieses Dorf soll im Dreißigjährigen Krieg zerstört worden sein. Für die Existenz dieses Dorfes an der erwähnten Stelle spricht aufs Bestimmteste der Name des Ackerfeldes, welches links von dem Wäldchen liegt und jetzt noch ‚Kirchhof‘ heißt“.

Klein-Eichen war also von Beginn seiner Gründung an der Pfarrei Groß-Eichen als Filialgemeinde zugehörig. Dies bedeutete für die Einwohner Klein-Eichens, dass sie alle Gottesdienste in der Groß-Eichener Kirche zu besuchen, ihre Kinder in die Groß-Eichener Schule zu schicken und ihre Toten auf dem Groß-Eichener Friedhof zu begraben hatten. Erst ab dem 18. Jahrhundert sollte sich dies nach und nach ändern und für die Klein-Eichener ein wenig mehr Unabhängigkeit bringen.

Aus der Groß-Eichener Pfarrchronik erfahren wir unter Bezug auf eine Notiz aus dem ältesten Kirchenbuch, dass es im Jahr 1710 zwischen dem Groß-Eichener Pfarrer Johann Konrad Pauli (1705-1743 Pfarrer in Groß-Eichen) und den Einwohnern Klein-Eichens zu einem Streit darüber gekommen sei, wo die Klein-Eichener ihre Toten zu bestatten hätten. Dieser habe sich darauf berufen, dass es „ein Usus gewesen, der von jeher bestanden und für welchen er auch das Zeugniß eines alten, nicht mehr vorhandenen Kirchenbuches aufführen könnte", dass die Klein-Eichener ihre Verstorbenen zur Beerdigung von Klein-Eichen nach Groß-Eichen zu bringen hätten. Der Streit, so vermerkt Pfr. Paul, sei „von der Behörde zugunsten der Klein-Eichener entschieden" worden. Daher kann man davon ausgehen, dass es in Klein-Eichen ab dieser Zeit einen eigenen Friedhof gab.

Klein-Eichen besaß bis 1739 keine eigene Kirche oder Kapelle. In vielen Filialorten ohne eigenes Gotteshaus war es schon länger Brauch gewesen, in den Scheunen zu Betstunden zusammenzukommen, die der jeweilige Lehrer hielt. So wird auch in Klein-Eichen der Wunsch entstanden sein, für diese Zusammenkünfte ein eigenes kirchliches Gebäude zu bekommen. 1738 kaufte die bürgerliche Gemeinde Klein-Eichen die alte, vermutlich aus dem 16. Jahrhundert stammende Unter-Seibertenröder Kapelle auf Abbruch, die dem dortigen Kirchenneubau weichen musste. Das Geld hatten Klein-Eichener Gemeindeglieder nach Auskunft der Pfarrchronik „in 678 theils inländischen theils ausländischen Gemeinden" gesammelt und dabei eine Gesamtsumme von „circa 238 fl." (Gulden) zusammengetragen. 1739 war der Wiederaufbau der Kapelle in Klein-Eichen abgeschlossen, vermutlich bis 1742 dauerte die Vollendung der Innenausstattung. Doch selbst mit der Errichtung eines eigenen kleinen Gotteshauses vor Ort blieb der Verpflichtung für die Klein-Eichener erhalten, zum regelmäßigen Kirchgang und Gottesdienstbesuch nach Groß-Eichen zu gehen. Auch darüber erfahren wir mehr aus der Groß-Eichener Pfarrchronik: „Der Pfarrer von Großen-Eichen ist nicht verpflichtet, weder dorten Sonntagsgottesdienst oder Festtags Predigten noch das heilige Abendmahl zu halten, obgleich Klein-Eichen jetzt ein eigenes Kirchlein besitzt. Denn vor der Entstehung dieser Kapelle im Jahre 1742 oder 1743 hatte Klein-Eichen keine eigene Kirche gehabt. [...] Seit dem Pfarrer Schlich [Anm.: Er war von 1819-1838 Pfarrer in Groß-Eichen] wird nun zwar jährlich zweimal, auf Himmelfahrtstag und im Herbste gegen eine Vergütung von 2 fl. 42 Kreuzer das heilige Abendmahl mit Predigt in dieser Kapelle, in welche die Gemeinde 1857 auf dem Weg der freiwilligen Beiträge ein so genanntes Harmonium zur Begleitung des Gesangs angeschafft, - und zum Andenken an die Einweihung dieser Kapelle gegen eine geringe Vergütung von 20 Kreuzern jährlich eine Kirchweihpredigt gehalten. All dies ist nur persönliche freiwillige Uebereinkunft des jeweiligen Pfarrers mit der Gemeinde gewesen, welche für den Nachfolger keine verbindende Kraft hat. Die Klein-Eichener sind verbunden, jeden Sonntag nach Großen-Eichen zur Kirche und zum heiligen Abendmahle zu kommen. Nur die Casualfälle hat der Pfarrer in Klein-Eichen selbst vorzunehmen die Pflicht.“ Erst seit dem 01. Oktober 1919 fand in der Klein-Eichener Kapelle dann regelmäßig alle 14 Tage ein Predigtgottesdienst statt. Von 1746 bis 1838 besaß Klein-Eichen eine eigene Schule. 1839 wurde diese mit der nahen Lardenbacher Schule zusammengelegt;

dafür ausschlaggebend war vor allem die niedrige Schülerzahl (1835 waren es 24 Schüler in Klein-Eichen und 52 Schüler in Lardenbach) und die unzureichenden Lehrergehälter in beiden Schulen (81 fl. Jahresgehalt erhielt der Lehrer in Klein-Eichen und in Lardenbach waren es 85 fl. Jahresgehalt mit Organisten- und Glöcknerdienst). Nach der Zusammenlegung konnte dem Lehrer dann ein angemesseneres Jahresgehalt von 241 fl. gezahlt werden.

Die Vereinigung der Schulen der beiden direkt aneinander grenzenden Dörfer im Jahre 1839 war ein erster Schritt der Annäherung Klein-Eichens an Lardenbach. Die pfarramtliche Vereinigung beider Dörfer zur Kirchengemeinde Lardenbach/Klein-Eichen mit gemeinsamer Haushaltsführung und gemeinsamem Kirchenvorstand wurde 1978/79 vollzogen. Groß-Eichen und Klein-Eichen, die über viele Jahrhunderte lang pfarramtlich miteinander verbunden waren, mussten im Rahmen einer Neugliederung des Ev. Dekanats Grünberg und der Pfarrstelle Groß-Eichen ihre alte, historisch gewachsene Verbindung aufgeben und fortan getrennte Wege gehen. Die Trennung beider Dörfer hatte sich im politischen Bereich bereits viel früher abgezeichnet: Schon Pfr. Jacob Paul stellt 1858 fest, das Groß-Eichen zu dem Landgericht Grünberg, Klein-Eichen aber zu dem Landgericht Laubach gehöre. 1874, nach der Auflösung des Kreises Grünberg, kam Klein-Eichen zum Kreis Gießen, Groß-Eichen zum Kreis Schotten. Damit waren die unterschiedlichen politischen Zugehörigkeiten vollzogen, die sich bis in die Gegenwart fortsetzten. Eine kleine Besonderheit aus der alten Verbindung mit Groß-Eichen hat sich bis heute in Klein-Eichen erhalten: Der Gottesdienst wird dort noch immer nach der Groß-Eichener Liturgie gefeiert.

Die Kirche in Klein-Eichen

3. Die heute mit Groß-Eichen pfarramtlich verbundene Kirchengemeinde Ilsdorf

Nach der Ausgliederung Klein-Eichens aus dem Kirchspiel Groß-Eichen wurde, wie oben bereits angesprochen, die Pfarrei umstrukturiert. Die neu gegründete Evangelische Kirchengemeinde Ilsdorf wurde mit der Evangelischen Kirchengemeinde Groß-Eichen pfarramtlich verbunden.

Werfen wir zunächst einen kurzen Blick auf die kuriose geschichtliche Entwicklung des Dorfes Ilsdorf: Der Ort wurde im Jahr 1279 erstmals urkundlich mit dem Ortsnamen Olffirstorff erwähnt, weitere in Urkunden vorkommende Ortsnamen waren Ulsdorf und Ulsturff. Im Jahr 1417 wurde das damalige Ilsdorf in zwei Dörfer aufgeteilt: Der nördliche Teil wurde unter hessische Hoheit gestellt und hieß fortan „Hessisch-Ilsdorf" oder nur „Ilsdorf". Der südliche Teil wurde dem Gebiet der Solmser Grafen eingegliedert, fortan hieß dieser Ortsteil „Solms-Ilsdorf". Das alte Ilsdorf hatte keine eigene Kirche besessen, und neben der politischen Zugehörigkeit waren auch die kirchlichen Zugehörigkeiten getrennt worden: Solms-Ilsdorf gehörte zur Kirchengemeinde Lardenbach, Hessisch-Ilsdorf zur Kirchengemeinde Flensungen - dies sollte bis zum Jahr 1978 so bleiben. Im Jahr 1910 wurde auf dem hessischen Gebiet eine gemeinsame Schule erbaut, und die Kinder aus beiden Ortsteilen besuchten fortan diese Schule. Durch eine Gebietsverwaltungsreform im Jahr 1939 wurden beide – über Jahrhunderte getrennte - Ortsteile zu einem Dorf vereinigt, die kirchliche Zugehörigkeit jedoch blieb getrennt. Nach 1945 gab es Bestrebungen, die alten Ortsteile wiederherzustellen - die beiden Feuerwehren übten bereits wieder getrennt -, doch fand diese Idee keine politische Mehrheit. Im Jahre 1972 verlor Ilsdorf seine Selbstständigkeit und wurde im Zuge der hessischen Gemeindereform der Großgemeinde Mücke eingegliedert. Die kirchliche Umstrukturierung erfolgte dann Ende der 1970er Jahre im Rahmen einer Dekanatsneugliederung: Ilsdorf wurde mit der Kirchengemeinde Groß-Eichen verbunden.

Dieses Vorhaben und seine Umsetzung stießen durchaus auf Widerstand in der Ilsdorfer Bevölkerung, aber die Ilsdorfer Kirchenvorsteher, die bisher in den beiden anderen Kirchengemeinden Flensungen und Lardenbach mitbeteiligt waren, entschieden sich letztlich für die pfarramtliche Verbindung mit Groß-Eichen. Ab dem Jahr 1979 wurde der Gottesdienst dann 14-tägig im Dorfgemeinschaftshaus (der alten Ilsdorfer Schule) durch den neuen Groß-Eichener Pfarrer Manfred Günther mit der Ilsdorfer Gemeinde gefeiert, nachdem er zuvor im Wechsel von den Pfarrern aus Merlau/ Flensungen und Lardenbach gehalten worden war. Jutta Schütt aus Sellnrod war die erste Organistin, die auf dem alten, noch aus der Schule stammenden Harmonium die Gottesdienste musikalisch begleitete. Ab dem Jahr 1982 gab es dann offiziell die Kirchengemeinde Ilsdorf, mit eigener Haushaltsführung und eigenem Kirchenvorstand, aber noch immer war keine eigene Kirche vorhanden.

Verschiedene Optionen wurden geprüft und mit den zuständigen Gremien der Landeskirche diskutiert und besprochen, auch über einen Kirchenneubau oder einen Anbau an das DGH wurde nachgedacht. In diese Zeit fiel die Diskussion über den Erhalt und die zukünftige Nutzung der alten Fachwerkkirche im Mücker Ortsteil Bernsfeld, die wegen eines Neubaus in den 1970er Jahren seither leer stand und sich in einem ziemlich desolaten Zustand befand. Die Meinungen über die zukünftige Nutzung des alten Gebäudes waren vielfältig, und die Diskussion darüber wurde teils sehr kontrovers geführt. Der Marburger „Förderkreis zur Erhaltung alter Kirchen“ wollte das Gebäude an Ort und Stelle erhalten und einer kulturellen Nutzung zuführen. Die Kirchenverwaltung in Darmstadt konnte sich indes mit dieser vorgesehenen Nutzung nicht anfreunden und wollte, dass das Kirchengebäude wieder gottesdienstlichen Zwecken dienen sollte. Viele Besprechungs- und Ortstermine waren in der Folgezeit an der Tagesordnung, aber Fortschritte in der Sache kaum zu verzeichnen. Auch die politische Gemeinde Mücke und ihr Bürgermeister wurden um Stellungnahmen und Vorschläge gebeten. Die hessische Denkmalschutzbehörde lehnte eine Umsetzung der Kirche kategorisch ab. Da keine Einigung möglich war, kam die Angelegenheit Anfang 1983 zur Vorlage in den Petitionsausschuss des Hessischen Landtages. Die Ausschussmitglieder nahmen Anfang März dieses Jahres zunächst in Bernsfeld und anschließend in Ilsdorf eine Ortsbesichtigung vor, und wenige Tage später stimmte der Petitionsausschuss des Hessischen Landtags mehrheitlich für den Erhalt der Kirche in Bernsfeld und eine zukünftige Nutzung nach den Vorstellungen des Marburger Förderkreises. Eine Intervention der Evangelischen Landeskirche Hessen-Nassau hatte zur Folge, dass die Angelegenheit zur endgültigen Entscheidung dem Hessischen Landtag vorgelegt wurde. Mit knapper Mehrheit (51 zu 49 Stimmen) beschloss dieser schließlich, dass das Bernsfelder Kirchengebäude nach Ilsdorf versetzt werden sollte, und machte damit den Weg für ein eigenes Ilsdorfer Gotteshaus frei. Nachdem der Standort und die Finanzierungsmodalitäten geklärt worden waren, liefen die ersten „Translocierungsarbeiten“ an, und am 27. April 1983 konnte in Ilsdorf der erste Spatenstich erfolgen. Doch die Sache war damit noch nicht abgeschlossen: Am 13.5.1983 erschien in der *Bild-Zeitung* ein Artikel unter der Überschrift: "Zwei Dörfer streiten sich um eine geschenkte Kirche". Da man daraufhin Protestaktionen fürchtete, wurden die ersten Abbaumaßnahmen durch eine Spezialfirma unter Polizeischutz durchgeführt. Langsam beruhigten sich dann die Gemüter. Für den Wiederaufbau in Ilsdorf wurden, soweit dies möglich war, die alten Originalteile wieder verwendet, defekte Teile erneuert bzw. durch gleichwertige alte ersetzt. Die Emporenbilder, die sich in der neuen Bernsfelder Kirche befanden, mussten von der Evangelischen Kirchengemeinde Bernsfeld zurückgegeben und der Ilsdorfer Kirche als Dauerleihgabe zur Verfügung gestellt werden. Zu Weihnachten 1985 konnte der erste Gottesdienst in der neuen Ilsdorfer Kirche gefeiert werden, und am Palmsonnrtag 1986 wurde die Kirche geweiht.

Die Kosten des Kirchenaufbaus betrugen rund 400.000,- DM, der Innenausbau verursachte Kosten von insgesamt 368.514,73 DM und die Orgel kostete noch einmal 77.000,-- DM. Dafür wurde eifrig gesammelt und sehr großherzig gespendet, auch die Kirchengemeinde Groß-Eichen beteiligte sich an den Spenden. Am 10. Dezember 1985 wurde die erste Glocke mit dem Ton „b“ angeschafft. Da das Geläut aber zu schwach war, fügte man im November 1992 eine zweite Glocke mit dem Ton „g“ hinzu und nahm eine Läute-Anlage neu in Betrieb. Im Jahr 2009 wurde das kleine Kirchlein außen renoviert, 2010 erfolgten die Überholung der Orgel und die Renovierung einer Glocke, 2011 musste der Glockenmotor erneuert werden. Im Jahr 2011 konnte das 25. Kirchenjubiläum mit einem Festgottesdienst im April und einem Kirchweihfest zu Pfingsten unter reger Beteiligung der Ilsdorfer Gemeinde und vieler Ehrengäste gefeiert werden.

Bis heute wird in Ilsdorf zweiwöchentlich sowie zu allen großen kirchlichen Festen Gottesdienst in der kleinen Fachwerkkirche gefeiert.

Die Gemeinde hat derzeit rund 145 Mitglieder. Der 2009 gewählte Kirchenvorstand besteht aus sechs Mitgliedern (Daniela Adamek, Jürgen Horst, Hildegard Leicht, Kerstin Paulus, Kerstin Tscharntke-Behnisch und Ute Zimmer) und der Pfarrerin als Vorsitzende, zu den weiteren Mitarbeiterinnen zählen die Organistin Carolin van gen Hassend und die Küsterin Kerstin Paulus.

Kirche in Ilsdorf, Südansicht

Kirche Ilsdorf: Blick in den Altarraum (oben) und auf die Ostempore (unten)

3. Die Groß-Eichener Kirche von 1747

1. Vorgängerbauten

Wie viele Vorgängerbauten die heutige, 1746/47 errichtete Pfarrkirche hatte, lässt sich nicht feststellen, da es keine Informationen darüber gibt. Ob der Vorgängerbau noch die alte Kapelle selbst oder bereits ein Erweiterungs- oder sogar Neubau dieser war, lässt sich ebenfalls nicht zuverlässig sagen; vielleicht könnten archäologische Grabungen mehr Licht in das Dunkel der Geschichte bringen, zumal auch vermutet wird, dass die erste Groß-Eichener Kirche einen anderen Standort als den heutigen hatte. Schauen wir auf die wenigen uns überlieferten und von Wilhelm Diehl zusammengetragenen Informationen über den Vorgängerbau, der 1745 wegen Baufälligkeit abgebrochen werden musste. In seinem *Baubuch* weist Diehl auf eine Wiederherstellung der alten Kirche in den 1670er Jahren hin:[57] Damals mussten Schäden beseitigt werden, die sich während des Dreißigjährigen Krieges eingestellt hatten. Im Zuge dieser Renovierungsarbeiten wurde 1669/71 auch die erste Orgel eingebaut, die dann in die neue Kirche übernommen wurde. Vermutlich im Zusammenhang mit diesen Renovierungsarbeiten tauschte und erneuerte man auch im Dachstuhl mehrere Balken. Auf dem Dachboden der heutigen Kirche befindet sich noch ein alter gewiss aus der Vorgängerkirche stammender Balken mit einer lateinischen Inschrift und der Jahresangabe ANNO 1664: Die lateinische Inschrift lautet: „QUOD IPSIUS ALTUM EST SUPER ET TERRAS ET SUPER ASTRA DECUS Ψ 148“. Die lateinische Inschrift ist ein Teil aus dem

[57] Vgl. Diehl, S. 485.

13. Vers des 148. Psalms, worauf auch das griechische „Ψ“ hinweisen soll. In der Luther-Übersetzung heißt diese Stelle: „ [...] denn sein Name allein ist hoch, seine Herrlichkeit reicht, so weit Himmel und Erde ist.“ Allerdings lässt sich die Quelle des lateinischen Textes nicht ermitteln, er findet sich nicht in der *Vulgata*. Da der Psalmvers nicht komplett erhalten ist, hat man diesen Balken vermutlich nicht wegen dessen lateinischer Inschrift, sondern nur wegen der Jahreszahl 1664 in die neue Kirche übernommen.

Der komplette Dachbalken an der Südseite des Kirchendachstuhls

Ein Ausschnitt mit der Jahreszahl 1664 (oben rechts)

Auch der alte spätgotische Taufstein (um 1500) stammt vermutlich aus der alten Vorgängerkirche. Über seine Herkunft und genauere Entstehung ist leider nichts überliefert, und auch die auf ihm befindlichen Abbildungen können nicht vollständig aufgeklärt werden. Er ist außen in Form eines Oktogons gestaltet und weist daher acht verschiedene Darstellungen an den Seiten auf. Sicher zu deuten sind die Abbildungen des Riedeselischen Wappens und der Riedeselischen Lanzen. Ferner finden wir die Abbildung einer Blume

(Rose?), eines Kopfes, eines Kreuzwappens (vielleicht das Wappen des Klosters Fulda?) und dreier Ornamente.

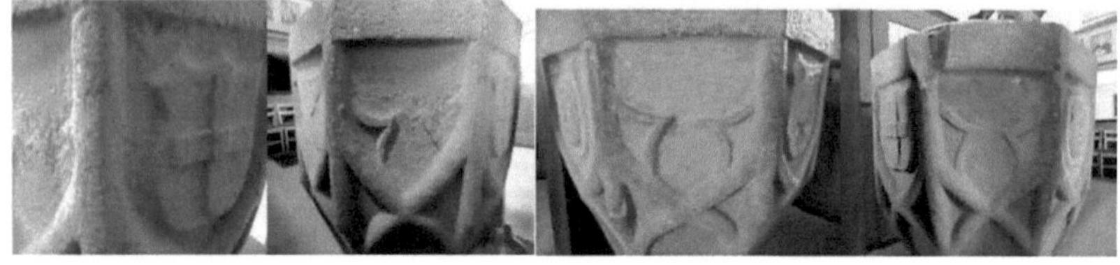

Detailabbildungen des Taufsteins in der oben beschriebenen Reihenfolge

Interessant ist, dass sich auch in der Kapelle des Schlosses Eisenbach, dem Stammsitz der Freiherren Riedesel, und in der Kirche zu Angersbach ähnlich aussehende und gestaltete spätgotische Taufsteine befinden. Der Taufstein in Eisenbach stammt vermutlich aus der alten Romröder Kirche und gelangte nach deren Abbruch (ca. 1676/77) nach Schloss Eisenbach.[58] Auch er ist achteckig und trägt neben verschiedenen anderen Wappendarstellungen das Wappen der Riedesel und die Abbildung der gekreuzten Lanzen. Alle anderen Darstellungen weichen allerdings vom Groß-Eichener Taufstein ab (u.a. eine Taube als Zeichen des Heiligen Geistes, zwei verschiedene Blumen [Rosen?] und verschiedene Ornamente). Der Angersbacher Taufstein stammt aus dem Jahr 1502 und ist ebenfalls achteckig gestaltet, doch erinnert er noch stärker an die Form

[58] Eine Zeichnung und der Hinweis auf Romrod befinden sich bei Becker, *Die Riedesel zu Eisenbach*, 1. Band, S. 356.

eines Abendmahlskelches. Auch er trägt, neben anderen Darstellungen (St. Alban mit dem Kopf unter dem Arm, Anna Selbdritt, Johannes der Täufer mit dem Lamm Gottes, die heilige Katharina mit Rad und Schwert) wie in Groß-Eichen das Wappen der Riedesel und das Fuldaer Wappen.

Die Taufsteine im Vergleich: links Eisenbach, Mitte Angersbach, rechts Groß-Eichen

Aus der alten Groß-Eichener Kirche wurden mindestens zwei Glocken in die neue Kirche übernommen: die älteste Glocke „Anna" aus dem Jahr 1552 und eine kleinere mit der Jahreszahl 1698. Ebenfalls aus der Zeit der Vorgängerkirche stammt ein Abendmahlskelch aus dem Jahr 1698. Das älteste Kirchenbuch von 1672 erwähnt Geldsammlungen für Kelch und Glocke und verzeichnet die Spender und die eingegangenen Geldbeträge. In der heutigen Kirche befindet sich auch ein Ölgemälde aus dem Jahr 1697, das vermutlich ebenfalls aus der alten Kirche in die neue übernommen wurde. Darauf abgebildet ist eine Kreuzigungsdarstellung, die in der unteren linken Ecke eine Signatur trägt: Johann Caspar Reyer (oder Keyer?), Anno 1697. Im Sommer 1861 wurde dieses durch Pfarrvikar Bernhard Bohn, der den erkrankten Pfarrer Pauli während des Abwesenheit vertrat, restauriert und neu gerahmt.

Kreuzigungsdarstellung aus dem Jahr 1697

Abendmahlskelch (1698)

Glocke (1698)

2. Das Gebäude

Die Entstehung der neuen Groß-Eichener Kirche fällt in die Zeit des Spätbarock. Im Riedeselland wurden nach 1712 viele neue Kirchengebäude errichtet, entweder weil sie, wie in Groß-Eichen, baufällig waren oder weil viele Filialdörfer, wie z.B. Klein-Eichen, bisher kein eigenes Gotteshaus besessen hatten. Der erste Neubau entstand nach einem Konferenzbeschluss im November 1713 im Lauterbacher Filialdorf Heblos. Aus Rücksicht auf die alten Leute, die Wöchnerinnen und die Neugeborenen sollte dort einmal monatlich gepredigt, das heilige Abendmahl gehalten und getauft werden. Dennoch bestand auch hier, wie für alle anderen Filialen, die Pflicht zum Gottesdienstbesuch in der Hauptpfarrkirche. In Freiensteinau war die alte Kirche stark baufällig und zu klein geworden, man stimmte 1720 einem Neubau zu, allerdings reichten die veranschlagten Finanzmittel nicht aus und es musste nachfinanziert werden. Auch in Altenschlirf bat man um einen Neubau, der aber mangels vorhandener Finanzmittel bis 1749 hinausgeschoben werden musste. 1726 entstand in Heisters eine neue Kirche. Nach dem Vorbild des Freiensteinauer Kirchturms wurde 1731 in Niedermoos ein neuer Turm gebaut. Auch Wallenrod sollte 1731 eine neue Kirche erhalten, aber auch hier mussten noch viele Spenden gesammelt werden, bis der Bau beginnen konnte. In Almenrod regte sich 1727 der Wunsch nach einem Neubau, der wegen knapper Mittel aber nicht wie zuerst gewünscht aus Stein, sondern wieder aus Holz errichtet wurde. Frischborn erhielt 1733 einen neuen Kirchturm, dem Dorf Rixfeld wurde 1739 der Kirchenneubau bewilligt. Im gleichen Jahr war, wie oben berichtet, der Wiederaufbau der Unter-Seibertenröder Kapelle in Klein-Eichen abgeschlossen worden. Obermoos erhielt 1742 ein kleines Kirchlein, das mit den gleichen Rechten wie Heblos ausgestattet wurde. 1746 wurde der Neubau in Landenhausen bewilligt. Der letzte und bedeutendste Kirchenneubau im Junkerland war die Neuerrichtung der Lauterbacher Stadtkirche von 1763-1767. Geplant wurde er bereits ab 1735, aber es war ein Unternehmen, das viel Zeit, Geduld und vor allem sehr viel Geld erforderte.

Der Kirchenneubau in Groß-Eichen war also ein Bauprojekt neben vielen anderen im Junkerland. Wie aus dem Überblick deutlich wird, waren vielerorts die alten, vermutlich aus dem Mittelalter stammenden und z.T. nur in Holzbauweise errichteten Kirchen „ruinös" und baufällig geworden. So war es auch in Groß-Eichen gewesen: Im zweiten Viertel des 18. Jahrhunderts geriet die Kirche derart in Verfall, dass sie im Jahr 1745 komplett abgebrochen werden musste. Pläne für einen Neubau müssen bereits sehr viel früher existiert haben, denn von Galéra berichtet: „1730 musste in Großeneichen eine neue Kirche gebaut werden, weil die alte gar zu baufällig und ruinös war; ein Stück Mauer war bereits eingefallen, es wurde für sieben Gulden pro itzo repariert, zur Verhütung größeren Ruins und Unglücks." Die geplante neue Kirche sollte „als thun- und möglich nicht allzu groß, weitläufftig und kostbar" sein.[59] Die Jahreszahl 1730 ist als Zeitpunkt für den Baubeginn allerdings falsch, vielleicht bezieht sie sich aber nur auf die o.g. Reparatur oder erste Planungen für den Neubau, der dann (vielleicht auch wegen nicht vorhandener Finanzmittel) erst im Jahr 1746 begonnen werden konnte. Die finanziellen Mittel der Landesherren waren knapp, und so musste auch in

[59] Von Galéra: *Die Riedesel zu Eisenbach*, Band 5, S. 53.

Groß-Eichen der Neubau zum größten Teil durch Spenden und Kollektensammlungen finanziert werden. Leider sind darüber keine Rechnungen und Unterlagen erhalten geblieben. Die Gemeinde Groß-Eichen sammelte ab 1740 mehrere Kollekten für den Neubau und richtete am 11. März 1745 auch ein Kollektengesuch an den hessischen Landgrafen Ludwig VIII. (der ja seit 1713 bereits weltlicher Landesherr über das Gericht Ober-Ohmen war), woraufhin das Darmstädter Konsistorium einen Bericht verfasste, in dem es heißt: „Die vormahlige, allda gestandene alte baufällige Kirche ist an drey Orten zugleich eingefallen und dahero gantz unbrauchbar geworden, mithin die Gemeinde, damit nicht etwa ein Unglück daraus erwachsen möchte, sich genöthigt gesehen, die alte Kirche gäntzlich abzubrechen und von Grund aus neu zu bauen.“[60]

Im Jahre 1746 erfolgte die Grundsteinlegung zur neuen Kirche[61], und wie aus den heute im Hessischen Staatsarchiv in Darmstadt befindlichen und glücklicherweise noch erhaltenen Unterlagen zur Einweihung des Kirchenneubaus aus dem Samtarchiv der Freiherren Riedesel zu Eisenbach eindeutig hervorgeht[62], fand die Weihe der Kirche am 15. Oktober 1747, dem 20. Sonntag nach Trinitatis statt. In der Akte ist ein Schreiben des damaligen Groß-Eichener Pfarrherrn Johann Georg Müller, datiert vom 25. September 1747, enthalten, in welchem er sich an das Konsistorium in Lauterbach

[60] Zitiert bei Diehl, Baubuch, S. 485.

[61] Leider ist das von Diehl erwähnte und in einem kirchlichen Archivverzeichnis aus den 1920er Jahren aufgeführte Programm der Grundsteinlegung nicht mehr vorhanden. Zuletzt befand es sich im Besitz des Kreisamtes Schotten, ist aber in den heute im Hess. Staatsarchiv Darmstadt befindlichen Akten nicht mehr enthalten.

[62] Es existiert eine Akte, die mehrere originale und handschriftlich verfasste Schriftstücke aus den Jahren 1742-1747 enthält und den Titel trägt: „Acta – die Einweihung der Kirche zu Großeneichen betr. de 1747“.

wendet und u.a. anfragt, wann die Weihe der Kirche nun stattfinden könne. Auf der Rückseite haben der Riedeselische Amtmann und Kanzleirat Canzau und der kirchliche Inspector Bender vermerkt, dass die Weihe der Groß-Eichener Kirche „künftigern Sonntag über 8 Tage geschehen“ könne, und es folgen Anmerkungen, was dafür zu bedenken und vorzubereiten sei. Das letzte in dieser Akte enthaltene Schriftstück stammt vermutlich auch aus der Feder des Kanzleirates Canzau und enthält genaue Anweisungen, wie nun zu verfahren sei. In diesem 9 Punkte umfassenden „Directorium“ heißt es u.a.:

„Was bey der auf den 20ten Sonntag post Trinitatis verfügeten Einweyhung der Großen Eicher Kirchen zu beobachten seyn möghe:

1) Wird dieße Solenne Einweyhung Sonntags vorher der Gemeinde bekandt gemacht und zu Lob= und Dank ermahnt; anbey erinnert,
2) Daß auf künftigen Sonntag die Schulmeister mit ihren Schuhl Jugend, Schöpfen, Seniores und gantze Gemeinde mannlichen Geschlechts sich vor 9 Uhren im Pfarrhaus zu versamlen hätten;
3) Unter dem letzten Geläute gehet die Procession in die Kirche; die Schuhlen voran, dießen folget Parochus loci, dan Consistoriales, Beambte, Schöpfen, Seniores und Gemeinde.
4) In der Kirchen wird vor Ableßung der epistel von dem Herrn Inspectore eine kurzte Sermon vor dem Altar gehalten;
5) Die Gesänge werden droben dargebracht.
6) Die inugurations Predigt wird von dem Herrn Pfarrer Inspectore gehalten.“

Die Punkte 7) bis 9) betreffen Absprachen und Anweisungen zur Verpflegung der auswärtigen offiziellen Gäste.

Dieses „Directorium“ erlaubt uns einen kleinen Einblick in den Ablauf der Feier und lässt keinen Zweifel daran, wann die Weihe der Kirche stattgefunden hat: Am 20. Sonntag nach Trinitatis, dieses Datum fiel im Jahr 1747 auf den 15. Oktober.

Das Weihedatum 15. Oktober 1747 steht allerdings im krassen Widerspruch zu dem von jeher überlieferten Datum des dritten Dienstags im Juni, an welchem noch heute das Groß-Eichener Kirchweihfest gefeiert wird. Auch die Pfarrchronik kann an dieser Stelle nicht weiterhelfen: Bis in die 1870er Jahre zurück reichen die Hinweise auf die Feier des Kirchweihtages am 3. Dienstag im Juni, aber es gibt an keiner Stelle eine Erklärung für diesen Termin. Pfarrer Paul erwähnt in der Einleitung auch die 100-Jahrfeier der Weihe der Kirche 1847, ohne ein Datum zu nennen: „Das jetzige Kirchengebäude wurde im Jahre 1747 errichtet. Im Jahre 1847 ward die 100jährige Gedächtnißfeier in der Gemeinde begangen.“

Damit stellt sich die Frage, ob die Groß-Eichener seit langer Zeit am falschen Termin Kirchweih feiern oder ob man den Termin später absichtlich vom Oktober in den Juni verlegt haben könnte - warum dann aber auf einen ganz bestimmten Tag, nämlich den dritten Dienstag im Juni?

Im Augenblick lässt sich diese Frage nicht klären oder zufriedenstellend beantworten, aber es sollen kurz einige Möglichkeiten erläutert werden, die Hinweise liefern könnten:

Es ist mit absoluter Sicherheit davon auszugehen, dass der Neubau der Kirche im Juni 1747 noch nicht fertiggestellt war. Somit käme nur der 3. Dienstag im Juni des Jahres 1748 in Frage, aber keine Quelle spricht davon, dass die Einweihung erst 1748 stattgefunden hat. Der 3. Dienstag im Juni des Jahres 1746 wäre viel zu früh: Zu diesem Zeitpunkt kann die Kirche noch nicht errichtet gewesen sein, da die Bauarbeiten erst in diesem Jahr begonnen hatten. Am wahrscheinlichsten wäre es allerdings, dass zu diesem Termin die Grundsteinlegung zum Bau der Kirche stattgefunden haben könnte. Da das Programm dazu leider nicht mehr erhalten ist und es merkwürdigerweise keinerlei Hinweise in den beiden ältesten Kirchenbüchern[63] zum Bau der Kirche gibt, lässt sich kein genaues Datum ermitteln. Wäre noch zu fragen, warum die Grundsteinlegung an einem Dienstag stattgefunden hat und nicht an einem Sonntag? Möglich wäre, dass die Grundsteinlegung tatsächlich an einem Werktag stattgefunden hat, damit im Anschluss an die Feier sofort mit den Arbeiten begonnen werden konnte. Damit wäre der Termin der Grundsteinlegung der 21. Juni 1746. Aber es bleibt die Frage offen, warum man dann in späterer Zeit nicht das eigentliche Kirchweihdatum, sondern den Termin der Grundsteinlegung als Kirchweihtermin genommen haben sollte?

Geriet vielleicht der eigentliche Termin in Vergessenheit, und man wählte aus praktischen Gründen den Frühsommertermin?

Bezieht sich das Datum vielleicht gar nicht auf die eigentliche Weihe, sondern eine spätere Neu-Einweihung der Kirche nach einer

[63] In den Kirchenbüchern wird der Neubau der Kirche seltsamerweise nicht erwähnt, so dass man davon ausgehen muss, dass eine Extra-Akte zum Kirchenbau existiert hat, die leider verloren gegangen ist.

Reparatur? Dazu würde noch am besten die alte, noch immer in Groß-Eichen bekannte Erzählung passen, dass die Kirche ursprünglich sonntags (am dritten Sonntag im Juni) eingeweiht werden sollte, aber wegen eines schweren Unwetters die Einweihung auf den Dienstag danach verschoben werden musste.

Wie auch immer: Der Kirchweihdienstagstermin im Juni gibt uns heute ein Rätsel auf!

Werfen wir nun einen Blick auf die Groß-Eichener Kirche von innen und außen, so wie wir sie heute kennen. Im *Dehio*[64], dem Handbuch der deutschen Kunstdenkmäler, finden wir sie folgendermaßen beschrieben:

„Groß-Eichen, Gem. Mücke, Vogelsbergkreis: Ev. Pfarrkirche 1746/47. Saalbau[65] mit dreiseitigem Schluß und Haubendachreiter über dem Chor. –

Emporen mit Brüstungsmalereien und Kanzel aus der Bauzeit. – Orgel 1771 von Philipp Ernst Wegmann aus Frankfurt/M.. – Spätgotischer Taufstein, Anfang 16. Jh. – Gemälde (Kreuzigung), ländlich, bez. 1697.“

[64] Vgl. Dehio, S. 353.

[65]Ein **Saalbau** bzw. eine **Saalkirche** ist ein einschiffiges Kirchengebäude, dessen Innenraum ein nicht durch Stützen unterteilter Saal ist. Neben der Hallenkirche, der Basilika und dem Zentralbau ist sie einer der vier Grundtypen des christlichen Kirchenbaus. Die Grundform der Saalkirche ist das Rechteck, quadratische Kirchengebäude werden zu den Zentralbauten gezählt. Saalkirchen sind in der Regel der Länge nach ausgerichtet, Altar und Chor befinden sich an einer der schmaleren Seiten und sind häufig geostet. Diese Form des Kirchenbaus fand erst seit der Renaissance starke Verbreitung, besonders im Protestantismus. Sie wurde zur Grundlage des modernen Kirchenbaus.

Der Taufstein und das Kreuzigungsgemälde sind im vorhergehenden Kapitel bereits besprochen worden, der Orgel wird im Anschluss ein eigenes Kapitel gewidmet sein. Richten wir unseren Blick daher genauer auf die Kanzel und die Emporenbrüstungen.

Die Kanzel stammt, wie oben erwähnt, aus der Bauzeit der Kirche und ist nahezu unverändert erhalten geblieben. Die Emporenbrüstungen haben bereits eine bewegte Geschichte hinter sich: Wie es in vielen Dorfkirchen Oberhessens zu dieser Zeit Brauch war, wurden sie mit Aposteldarstellungen bemalt. Leider ist für die Groß-Eichener Malereien nichts über den Künstler bekannt. So blieben sie im Originalzustand bis zum Jahr 1875 erhalten. In diesem Jahr fand die erste größere Renovierung der Kirche statt, in deren Verlauf man, dem (schlechten!) Zeitgeschmack entsprechend, die Emporenbrüstungen und das Kircheninnere mit gelber Ölfarbe übermalte. Im Jahr 1933 besann man sich auf die alte Tradition und ließ die Malereien im Zuge einer großen Innenrenovierung der Kirche durch den Maler Welte aus Nieder Ramstadt wieder freilegen und gründlich restaurieren. Die Emporenmalereien befinden sich an der West-Nord- und Ostemporenbrüstung, an letzterer wurde noch ein gerahmtes Christusporträt in ähnlicher Darstellungsweise ergänzt.

Westemporenbrüstung: Maria mit dem Jesuskind, der Pfarrherr (Johann Georg Müller)

Westemporenbrüstung: die vier Evangelisten Matthäus, Lukas, Markus und Johannes.

Nordemporenbrüstung: Philippus, Jacobus d. Ä., Bartholomäus, Jacobus d. J., Andreas

Nordemporenbrüstung: Matthäus, Thomas, Judas Thaddaeus, Joseph

Ostemporenbrüstung: Christus, Petrus, Simon Zelodes, Paulus

Im Laufe der Jahre und Jahrhunderte seit ihrem Bestehen hat es an und in der Groß-Eichener Kirche natürlich auch Veränderungen gegeben, besonders durch Renovierungsarbeiten. Größere und bedeutendere Renovierungsmaßnahmen gab es, wie bereits erwähnt, in den Jahren 1875 und 1933. Bei der ersten Renovierung 1875, die „vom 8ten bis 16ten Sonntag nach Trinitatis“ dauerte, wurde u.a. der Kirchturm einer gründlichen Reparatur unterzogen und das Innere der Kirche neu gestaltet, wobei auch die Emporenbilder übermalt wurden. Während der Renovierung fanden die Gottesdienste in Klein-Eichen statt. Im Jahr 1909 wurde die Kirche von außen renoviert. Von August bis Oktober 1933 gab es eine große Innenrenovierung, in deren Verlauf die Emporenbilder wieder freigelegt und eine neue Heizung eingebaut wurde.

Die nächste größere Instandsetzungsmaßnahme begann im Spätsommer 1965: Die Kirche wurde einer Außenrenovierung unterzogen, das Dach teilweise erneuert und repariert, ebenso die Heizungsanlage. Dabei wurden auch alte Grabsteine an der Westseite der Kirche, links neben dem Eingang aufgestellt und verankert und eine „alte, völlig verrottete Gedenktafel, die noch geringe Schußspuren aufwies“ (Pfarrchronik) entfernt. Schade, dass man damals keine Kopie dieser Tafel anfertigte und dass die erwähnten Grabsteine heute spurlos verschwunden sind! Über dem Westeingang wurde das Vordach angebracht.

Bereits im Spätherbst 1971 waren erneut umfangreiche Bauarbeiten an und in der Kirche nötig: Das Kirchendach wurde vollständig erneuert, die alten, noch aus dem Jahr 1747 erhaltenen Fußbodenplatten mussten sämtlich ausgetauscht werden. Lediglich der Erinnerungsstein mit der Jahreszahl 1747 wurde aufbewahrt und an den rechten Pfosten der Orgelempore, direkt hinter das Taufbecken, verlegt. Ebenso musste der alte Altar (wegen der Neuinstallation der Heizungsanlage und Verlegung der Heizkanäle) abgebrochen werden. Der neue Altar wurde, um mehr Platz im Kirchenschiff zu bekommen, 80 cm nach hinten verlegt und in einem besonderen Gottesdienst eingeweiht. Dabei wurden auch eine Urkunde und verschiedene Erinnerungsstücke eingemauert. Im August 1973 erhielt die Kirche einen neuen Außenanstrich. Dabei wurde die sog. „Lebensrose“ (Pfarrchronik) an der Nordwand freigelegt. An der Nordwestecke entdeckte man eine kleine Nische, in der sich vielleicht einmal eine Figur befunden haben könnte, wie der damalige Pfarrer Otto Fischer vermutet hat. Auch das Zifferblatt der Kirchturmuhr wurde erneuert. Umfangreiche Arbeiten mussten am Kirchturm durchgeführt werden: Neueindeckung des Daches, vollständige Erneuerung der Spitze mit Knauf und Wetterhahn; hinzu kam die Installation einer Blitzschutzanlage. Im Januar 1974 wurde der Kirchendachboden (nach 227 Jahren!) verschalt und mit einem Holzfußboden versehen. Seitdem ist er gefahrlos begehbar. Im Sommer 1977 musste (schon wieder) das Kirchendach repariert werden.

Im Sommer 2005 wurde die Außenfassade der Kirche renoviert, die Blitzschutzanlage erneuert und das Giebelfenster auf dem Kirchendachboden ausgetauscht. Auch das Kirchdach und die Kirchturmspitze mussten überprüft und repariert werden. Ferner wurden in ehrenamtlicher Arbeit Pflasterarbeiten zwischen Kirche und Gemeindehaus durchgeführt und das Dach über dem Heizungskeller erneuert.

Bei den Renovierungsarbeiten im Pfarrhaus wurden auf dem Dachboden kürzlich die beiden Bilder mit den Porträts der Reformatoren Luther und Melanchthon wiedergefunden, die früher, vor Freilegung der Malereien, an der Orgelempore gehangen haben. Es wäre wünschenswert, dass sie nach der Restaurierung wieder an ihren alten Platz zurückkehren könnten.

Erinnerungsstein von 1747

Kanzel

„Lebensrose“ (Nordwand)

Dachboden

Außenansichten der Groß-Eichener Kirche:

Südwestansicht mit dem Gemeindehaus in Hintergrund

Südostansicht

Nordostansicht

3. Die Wegmann-Orgel von 1771

Die alte Orgel von 1679 wurde in den Neubau von 1747 übernommen. Im ältesten Kirchenbuch von 1672 findet sich noch ein „Verzeichnis derer, welche zur Orgel beigesteuert haben“. Bereits Anfang des Jahres 1769 beschloss man in der Pfarrei Groß-Eichen die Anschaffung einer neuen Orgel.[66] Pfarrer Müller schrieb am 23. Februar dieses Jahres einen Bericht an das Konsistorium nach Lauterbach, in dem er Kosten von rund 400 fl. veranschlagt, dem Konsistorium eine mögliche Finanzierung vorlegt und darauf hinweist, dass das Konsistorium eine Kopie der Disposition der in Stockhausen geplanten Orgel und der dort aufgestellten Kosten vom dortigen Pfarrer anfordern möge. Für Groß-Eichen sollte wie bereits in Stockhausen der Frankfurter Orgelbauer Philipp Ernst Wegmann mit dem Bau der Orgel beauftragt werden, der sich durch den Bau der Orgel für die neue Lauterbacher Stadtkirche im Jahr 1768 im Junkerland bereits einen guten Ruf erworben hatte. So einigte man sich schließlich, und Wegmann erhielt den Auftrag, eine Orgel mit folgender Disposition in Groß-Eichen zu errichten: Manual 1. Principal 4´, 2. Gedackt 8´ Holz, 3. Quint 3´, 4. Octav 2´, 5. Flöttraver 8´, 6. Viola da Gamba 8´, 7. Mixtur 4fach 1´, 8. Cornet durch den Diskant und Baß Terz 1 3/5´, Pedal 9. Subbaß 16´ gedeckt und 10. Violonbaß 8´ offen; Manual wie in Stockhausen, Pedal 2 Octaven. Bis zur Umsetzung und Ausführung dauerte es allerdings noch zwei Jahre. Die Sache hatte sich auch deshalb verzögert, weil Wegmann den Spieltisch ursprünglich auf der anderen Seite geplant hatte, wogegen die Groß-Eichener Einspruch erhoben. Wegmann forderte daraufhin zu-

[66] Diese und alle nachfolgenden Informationen stammen von Bösken-Fischer, S. 409ff..

sätzliche Mittel, die ihm dann vom Konsistorium nach Abwägung, ob ein anderer Orgelbauer gewählt oder Wegmann behalten werden sollte, bewilligt wurden. Am 4. Juni 1771 wurde das Konsistorium aus Ober-Ohmen darüber informiert, dass Wegmann gerade mitgeteilt habe, dass er am nächsten Donnerstag (6. Juni) mit der Orgel „völlig fertig werde“, diese am 7. Juni von einem „bevollmächtigten Examinator“ geprüft werden solle, so dass er am Samstag dann nach Hause fahren könne.

Hier noch einige Lebensdaten zu dem Erbauer der Groß-Eichener Orgel Philipp Ernst Wegmann: Wegmann wurde im Jahre 1734 als Sohn des Orgelbauers Johann Conrad Wegmann und seiner Frau Anna Maria Hedwig Stamm in Darmstadt geboren. Nach dem frühen Tod seines Vaters erlernte Wegmann den Orgelbau bei seinem Stiefvater Johann Christian Köhler, von dem er am 16. Mai 1756 den Lehrbrief erhielt. Nach Köhlers Tod legte er am 20. August 1762 den Frankfurter Bürgereid ab. Am 14. September 1762 heiratete er Maria Magdalena Friess und übernahm Köhlers Werkstatt. Er erhielt den Titel eines „Hochfürstlichen Hessen-Darmstädtischen Hof- und Landorgelmachers“. Die Tochter Maria Anna heiratete den Organisten Johann Ebert, dessen beide Söhne in der Werkstatt tätig waren. Der Sohn Johann Benedikt Ernst Wegmann trat 1780 als Schüler des Meistergesellen Johann Friedrich Meynecke in Erscheinung und erlangte 1796 das Frankfurter Bürgerrecht. Nicht geklärt ist, wann genau Johann Benedikt Ernst Wegmann zusammen mit den Söhnen von Ebert die Werkstatt übernahm. Philipp Ernst Wegmann trat ab 1773 nicht mehr als Leiter der Werkstatt auf, die von Meynecke fortgeführt wurde. Wegmann starb am 26. Juli 1778 auf dem Schiff *Springfield* während einer Überfahrt von Portsmouth nach New York. Offensichtlich war aufgrund seiner ärmlichen Lebensverhältnisse eine Auswanderung in die USA geplant. Wegmann baute zahlreiche Orgeln im Frankfurter Raum und erhielt (neben Groß-Eichen 1771) auch andere Aufträge in Oberhessen, die nach seinem Ausscheiden aus der Werkstatt von seinen Nachfolgern fortgeführt bzw. vollendet wurden: u.a. Stockhausen 1774, Hopfmannsfeld 1775/76, Bobenhausen II 1776/80.

In der Groß-Eichener Orgel wurde folgende Inschrift angebracht: „Mitt Gott. Erbaut zur Zeit des grossen Türcken Krieges von Philipp Ernst Weegmann Hochf. Hessen-Darmstädtischen privilegirten Hoff- und Land Orgelmacher in Franckfurth am Mayn dessen Herren damahlige Geselen Johan Friedrich Meynecke von Hildesheim, Joh. Siegismund Aust von Hirschberg aus Schlesien, Jo. Ernst Haug von Sachs. Meiningen, Johan Michael Sperling von Tohren. Frankfurt am Mayn den 21. Aprilis Anno 1771. Repariert 1847 von Heinrich Eckhard aus Flensungen im Jahre der Hungersnot."

1856 wurde die Orgel von Orgelbauer Bernhardt aus Romrod repariert. Dazu fertigte er auch einen Bericht an und hielt fest, dass „die Orgel 1771 von Weegman erbaut und nach allgemeinem Urteil ein vorzügliches Werk" sei. Lediglich die Klaviatur und die Bälge befanden sich in einem schlechten Zustand. 1904 erteilte das großherzoglich-hessische Oberkonsistorium die Genehmigung zur Orgelreparatur nach dem Plan des Licher Orgelbauers Förster. Zugleich bedauerte man, dass nicht der vom damaligen Kirchenmusikmeister Mendelssohn vorgeschlagene Neubau erfolgen würde. Heute können wir sagen: Wie gut, dass es nicht dazu kam, denn so konnte die Groß-Eichener Orgel als eine der wenigen Wegmann-Orgeln bis heute fast original erhalten bleiben.

Im Jahr 1964 wurde die Orgel von der Fa. Kemper aus Lübeck restauriert. Seitdem hat sie folgende Disposition: Manual C-d3 (51 Tasten): Principal 4´ (Zink 1920), Viola da Gamba 8´ (alt, C-e gedeckt), Flauthtravers 8´ (alt), Gedackt 8´ (alt), Quint 3´ (neu), Duiflaut 4´ (alt), Octave 2´ (alt), Tertz A Cornet (neu), Mixtur 4fach (die beiden tiefen Chöre alt). Pedal C-c1 (25 Tasten; Umfang 1964 erweitert): Subbaß 16´ (alt), Violoncello 8´ (alt). Stimmung 1 Halbton über Normal!

Der Prospekt ist siebenteilig: Von der Normalform unterscheidet er sich durch die an den Seiten hinzugefügten kleinen Harfenfelder; die Zwischenfelder sind doppelgeschossig und gleich hoch wie die Spitztürme, so dass deren Obergesims sich waagerecht bis zum Mittelturm durchzieht. Die Schleier bestehen aus einfachen Rokoko-Motiven.

Orgelprospekt

Spieltisch

4. Die Glocken

Im Groß-Eichener Kirchturm tun insgesamt vier Glocken seit vielen Jahren und Jahrzehnten ihren Dienst. Es sind: die größte und älteste Glocke „Anna" von 1552, die zweitälteste Glocke von 1698 und zwei neuere kleine Glocken. Die Jüngste unter ihnen ist die sog. „Fischer-Glocke". Sie trägt diesen Namen, zumindest in Mitarbeiterkreisen, weil sie 1974 auf Initiative und mit großer (auch finanzieller) Unterstützung des damaligen Pfarrers Otto Fischer als vierte Glocke für den Glockenturm angeschafft wurde.

Blick in den Glockenturm: Links die Glocken 4 und 3, rechts die Glocken 2 und 1

Der Dienst der Glocken unterliegt einer vorgeschriebenen Läute-Ordnung. Heute werden die festen Läutezeiten von der Automatik übernommen (tägliches Geläut an Wochentagen um 10.00 Uhr, um 12.00 Uhr und um 17.00 Uhr mit der zweitgrößten Glocke und im Winter (11.11.-22.02.) abends um 20.00 Uhr mit der großen Glocke; das Einläuten am Samstag um 17.00 Uhr mit allen Glocken und das Ausläuten am Sonntag um 17.00 Uhr mit der ersten Glocke. Zu den Sonntagsgottesdiensten wird eine Stunde vor Beginn mit der zweitgrößten Glocke vorgeläutet, dann wird eine Viertelstunde vor Gottesdienstbeginn mit allen Glocken bis zum Beginn des Gottesdienstes geläutet. Zum Vaterunser läutet stets die kleinste Glocke. Bei abweichenden Gottesdienstzeiten oder besonderen Anlässen, z.B. bei allen Kasualien und Aussegnungen, läutet der Kirchendiener immer noch per Knopfdruck von der Orgelempore aus. Eine alte und in Groß-Eichen bis heute praktizierte Besonderheit ist das sog. Babyläuten: Nach Anmeldung durch die Eltern wird für einen neuen Groß-Eichener Erdenbürger oder eine neue Erdenbürgerin am Samstag nach der Anmeldung um 13.00 Uhr mit allen vier Glocken für fünf Minuten, bei Zwillingen für zehn Minuten geläutet.

5. Bilder, Kunstwerke und Gebrauchsgegenstände

Zu den noch besonders erwähnenswerten Ausstattungs- und Gebrauchsgegenständen zählen in erster Linie Dinge, die der Kirchengemeinde von Gemeindegliedern gestiftet wurden, wie es bereits in früheren Zeiten üblich war und auch heute noch Brauch ist.

So wurde der Pfarrgemeinde Großen-Eichen zu Ostern 1873 ein silberner Abendmahlskelch gestiftet, der, neben dem aus dem Jahr 1698, auch heute noch zu besonderen Anlässen benutzt wird.

Eine Abendmahlsdarstellung aus Zinn, die sich hinter dem Altar befindet, wurde der Kirchengemeinde von den Eheleuten Herbert und Olga Franzen gestiftet.

Herr Bernhard Beck stiftete der Kirchengemeinde im Jahre 1999 drei geschnitzte Holzfiguren, die Maria, Josef und Christus darstellen und an der Südwand im Kirchenschiff ihren Platz gefunden haben. Aus der Werkstatt von Schreinermeister Willi Faust stammen das Lesepult und der dazu passende Osterkerzenleuchter. Die Osterkerzen werden seit ihrer Einführung im Jahr 2009 immer von einem Groß-Eichener Gemeindeglied oder einer Familie gespendet, die künstlerische Gestaltung mit Wachs übernimmt die Pfarrerin.

Die Krippenfiguren aus Naturholz, die in der Advents- und Weihnachtszeit unter der Kanzel ihren festen Platz haben, hat Wilfried Pfeffer geschaffen. Auch der Apfelbaum hinter dem Taufbecken stammt von ihm. Zu jeder Taufe wird ein kleines Holzäpfelchen mit dem Namen und dem Taufdatum des Täuflings dort angehängt. Jedes Jahr zum Tauferinnerungsgottesdienst werden die Äpfel dann von den Familien der Taufkinder „geerntet“ und diesen geschenkt.

Seit 2009 begleitet auch ein gespendeter roter Herrnhuter Stern die Gottesdienste in der Advents- und Weihnachtszeit.

Der Altarraum in der Weihnachtszeit mit Weihnachtskrippe (links); Lesepult, Abendmahlbild, Osterkerzenleuchter, Apfelbaum hinter dem Taufbecken (rechts)

Darstellung der Heiligen Familie: Maria, Christus, Joseph

Osterkerze

Abendmahlskelch aus dem Jahr 1873

4. Die weiteren kirchlichen Gebäude

1. Das Gemeindehaus

In der Kirchgasse, gegenüber der Kirche befindet sich ein großes Gebäude aus den 1970er Jahren. Durch seine Hanglage erstreckt es sich z.T. über drei Etagen und verfügt über zwei separate Eingänge. Dieses Gebäude ist das Gemeindehaus der Evangelischen Kirchengemeinde Groß-Eichen. Dem Besucher fällt beim ersten Blick auf das Haus seine stattliche Größe auf, und eine oft gestellte Frage lautet dahingehend, warum eine doch relativ kleine Dorfkirchengemeinde wie Groß-Eichen ein solch imposantes und geräumiges Gemeindehaus besitze. Um diese Frage zu beantworten, lohnt sich ein Blick in seine Bau- und Entstehungsgeschichte, denn so wie das 2009 von außen komplett renovierte Gebäude heute von der Kirchengemeinde für zahlreiche Veranstaltungen genutzt werden kann, stand es nicht immer zur Verfügung, und die Tatsache, dass die Gemeinde gegenwärtig ein so großzügiges Gemeindehaus besitzt, verdankt sie dem Mut und Engagement eines Gemeindepfarrers und eines KV-Mitgliedes und ganz besonderen Umständen, die im Folgenden näher erläutert werden sollen.

Ansichten der Kirchgasse: links um 1930 (nach einem Gemälde von Ernst Eimer), rechts 2012

Wie viele andere Kirchengemeinden auch besaß Groß-Eichen in früheren Zeiten kein eigenes Gemeindehaus. Alle wichtigen Veranstaltungen fanden in der Kirche statt, zu Kreisen und Sitzungen traf man sich im Pfarrhaus oder bei einzelnen Gemeindegliedern zu Hause. Nach dem Zweiten Weltkrieg wurde, auch durch Veränderungen im Gemeindeleben, der Wunsch nach einem eigenen kleinen Gemeindesaal immer stärker und dringlicher. Im Jahr 1955 konnte die Kirchengemeinde den alten der Kirche gegenüber gelegenen Schulsaal von seinem Besitzer Karl Fuchs mit finanzieller Unterstützung der Landeskirche käuflich erwerben. Das Gebäude wurde abgerissen und ein Gemeinde- und Versammlungssaal gebaut. Im Dachgeschoss wurde ein weiterer kleiner Raum für die Jugendarbeit eingerichtet. 1957 waren die Arbeiten abgeschlossen, und fortan diente das kleine Gebäude der Kirchengemeinde als erstes Gemeindehaus. Auch die Schule nutzte es zeitweise wegen Raummangels im Schulhaus wieder für Unterrichtszwecke. Im Laufe der folgenden Jahre stellte sich aber mehr und mehr heraus, dass sich das Gebäude, das mit nur geringen Mitteln finanziert und gebaut worden war, besonders in der kalten Jahreszeit nur sehr schlecht heizen ließ, zumal die Außenwände sehr dünn waren. Außerdem gab es weder eine kleine Küche noch eine Garderobe oder einen Abstellraum. Aus Kapazitätsgründen war eine dringend nötige Erweiterung nicht möglich, da auf der einen Seite die Kirche stand und auf der anderen Seite das angrenzende alte Lehrerhaus, das noch immer von seinem Besitzer Karl Fuchs bewohnt wurde. Seit Oktober 1970 wurde verhandelte man mit der Kirchenverwaltung in Darmstadt über eine Lösung, ohne zu einem Ergebnis zu kommen.

Anfang des Jahres 1972 ergaben sich für die Kirchengemeinde neue Perspektiven: Sie konnte durch Vermittlung des Kirchenvorstehers Eduard Reining am 3. Februar auch das aus den Jahren 1700/01 stammende Lehrerhaus von seinem Besitzer Karl Fuchs zum Preis von 12.000,- DM ankaufen. Seit dem Neubau der Schule 1886/87 diente das Gebäude nicht mehr seinem eigentlichen Zweck und war Ende der 1880er, Anfang der 1890er Jahre von der bürgerlichen Gemeinde mit dem Schulsaal an die Eltern von Karl Fuchs verkauft worden. Die Gesamtgrundstücksgröße betrug 362 m^2.

Am 9. März 1972 begannen die Abbrucharbeiten an dem alten Gebäude, die bereits vier Tage später, am 13. März, abgeschlossen waren und ca. 2.500,- DM kosteten. Am 14. März erhielten Pfarrer Otto Fischer und der Kirchenvorstand ein Schreiben der Kirchenverwaltung in Darmstadt, die sechs Wochen zuvor schriftlich über den Abbruch informiert worden war, dass das Haus vorläufig stehen bleiben und keinesfalls abgerissen werden solle. Doch als der Brief aus Darmstadt eintraf, waren die Abrissarbeiten bereits beendet. In den folgenden Monaten wurde nun diskutiert und beraten, wie es mit dem Gemeindehaus weitergehen solle. Pläne, das bisherige Gemeindehaus nur um eine Teeküche und einen neuen Treppenaufgang zum Obergeschoss zu erweitern, wurden von Pfarrer Fischer und dem KV abgelehnt. Stattdessen wurde dem Architekten im November 1972 eine neue Bauskizze zur weiteren Bearbeitung übergeben.

Im April 1973 beantragten Pfarrer und KV beim Bauamt in Alsfeld die behördliche Baugenehmigung und stellten bei der Kirchenverwaltung in Darmstadt den Antrag auf Zustimmung zum geplanten Bauvorhaben.

Da bis Juli 1973 noch keine Genehmigungen vorlagen und der vorhandene Gemeindehausbau nach Norden hin einzustürzen drohte, sah sich vor allem Pfarrer Fischer zum Handeln gezwungen: Das bisherige Gemeindehaus sollte einen umfangreichen Anbau erhalten. Nur mit einem lückenhaften und unvollständigen Bauplan ausgestattet, ohne finanziellen Rückhalt und ohne Genehmigung der Kirchenverwaltung, aber in der Verantwortung vor der Kirchengemeinde, wurde Kirchenvorsteher Eduard Reining mit der praktischen Durchführung der Baggerarbeiten am Gemeindehaus beauftragt, die am 26. und 27. Juli stattfanden. Im August wurden die Kanalisationsarbeiten und die Betonierung des Untergeschosses abgeschlossen. Von Oktober bis Dezember 1973 führte man am Erweiterungsbau die Maurer-, Einschal- und Betonarbeiten durch. Am 7. Dezember konnte die Betondecke verlegt werden. Insgesamt verursachten diese Arbeiten Kosten von 25.721, 81 DM, die aus dem gemeindlichen Haushalt und den Rücklagen beglichen wurden.

Im Februar 1974 konnten die Bauarbeiten nach der Winterpause wiederaufgenommen werden, die Baugrube wurde verfüllt und die Maurerarbeiten begannen wieder. Am 10. Mai 1974 war mit der Dachaufrichtung und -eindeckung das neue Gemeindehaus im Rohbau fertiggestellt. Diese Arbeiten verursachten nochmals Kosten in Höhe von 29.258,65 DM, die wiederum aus Eigenmitteln der Gemeinde aufgebracht werden mussten.

Das Gemeindehaus war zwar im Rohbau fertig geworden, aber nun begannen die Schwierigkeiten erst richtig: Pfarrer Fischer hatte erkannt, wie wichtig ein Gemeindehausneubau war und wie wichtig er auch für die künftige Gemeindearbeit sein würde. Vielleicht sah er im Bauvorhaben auch eine Art eigenes Lebenswerk, denn Groß-Eichen war sein letzter Dienstort, bevor er im September 1974 in den Ruhestand ging. Er und Kirchenvorsteher Eduard Reining hatten tatkräftig bei den Bauarbeiten mitgewirkt und viel Kraft eingesetzt, ebenso wie viele Menschen aus der Gemeinde die Arbeiten tatkräftig unterstützt hatten. Doch geschah alles ohne jede Zustimmung und Genehmigung der Landeskirche. Schwerer noch wog die Tatsache, dass Pfarrer Fischer am 5. Mai 1974 bereits seinen Abschiedsgottesdienst hielt (obwohl er noch bis Ende September im Dienst war) und er sich dabei während der Predigt – so wird in der Gemeinde erzählt - im Ton vergriffen haben muss, denn er löste einen Skandal aus. Damit wichen die Freude und die Dankbarkeit über das gemeinsam Erreichte, und zurück blieben Ärger und Verbitterung und ein im Rohbau fertiges Gemeindehaus, das viel zu groß war und von der Kirchenverwaltung so nie genehmigt worden wäre. Inzwischen waren weitere 12.000,- DM Arbeitshonorar aufgelaufen. Da alle Geldmittel der Kirchengemeinde restlos aufgebraucht und alle Kassen leer waren, musste ein Darlehen aufgenommen werden, um die Schulden zu begleichen. Der Bauausschuss der Kirchensynode erwog gar einen Abriss des Rohbaus, um keinen Präzedenzfall zu schaffen. Pfarrer Fischers Nachfolger, Pfarrer Martin Breidert, gelang es schließlich nach Verhandlungen mit der Gemeinde Mücke, ihr das Obergeschoss des Gemeindehauses zu überlassen, um dort einen kommunalen Kindergarten einzurichten.

Die Ausbaukosten sollten auf die Miete angerechnet werden. Daraufhin bewilligte die Landeskirche einen Zuschuss von 107.000,- DM. Im Untergeschoss wurden ein Gemeindesaal mit 108 m^2 und eine Toilettenanlage errichtet, im darüber liegenden Teil des Obergeschosses ein kleiner Saal mit 55 m^2 und eine Küche. Damit war eine für alle Seiten praktikable Lösung gefunden, und im Herbst 1976 begannen die abschließenden Bauarbeiten. Im März 1977 konnte der Kindergarten seine Arbeit aufnehmen, die Einweihung des Gemeindehauses, dessen Eingang im Untergeschoss von der Friedhofstraße aus bestand, wurde am 16. Oktober 1977 fertiggestellt und eingeweiht. Zur Einweihungsfeier war auch Pfarrer i.R. Otto Fischer anwesend.

Über viele Jahre bestand so das Nebeneinander von Kindergarten und Kirchengemeinde, und viele Groß-Eichener erinnern sich gerne an die Zeit im und an den Kindergarten im Gemeindehaus. Doch die Räume im Gemeindehaus und der begrenzte Platz draußen wurden zunehmend zu einem Problem für den Kindergarten. So erfolgte Ende 1999 der Umzug des Kindergartens in seinen großzügigen Neubau Auf der Hahnwiese 1, direkt hinter dem Pfarrhaus.

Damit konnte die Kirchengemeinde ab dem Jahr 2000 das gesamte Gebäude als Gemeindehaus übernehmen und fortan komplett nutzen. Heute finden im Gemeindehaus neben den kirchlichen Veranstaltungen auch - nach Anmeldung – private Feierlichkeiten statt. Das Gemeindehaus verfügt u.a. über zwei Küchen, das Gemeindebüro und drei Gemeindesäle. Im Dachgeschoss sind zwei weitere Gemeinderäume, die u.a. dem Jugendtreff dienen. Alle Gemeinderäume wurden zwischen 2009 und 2011 renoviert.

Eine Besonderheit an der Wand im großen Gemeinderaum im Obergeschoss ist die in den Jahren 2002/03 von Wilfried Pfeffer geschaffene Kreuzplastik. Sie besteht aus 24 einzelnen, verschieden großen und aus unterschiedlichen Hölzern (Erle, Kirsche, Ulme, Zwetschge, Eiche und Wenge, ein dunkles Holz aus Indien) gefertigten Kreuzen, die im Gesamtbild ein großes Kreuz ergeben.

Das Gemeindehaus (2012): Die beiden Bauabschnitte sind heute noch gut zu erkennen: rechts der alte Teil von 1955/57, links (neben dem Fallrohr) der Anbau aus den 1970er Jahren

2. Das Pfarrhaus

Groß-Eichen besitzt noch heute zwei Gebäude, die über viele Jahre und Jahrhunderte als Pfarrhäuser dienten. Das alte heute noch in der Kirchgasse stehende Pfarrhaus war 1670/71 erbaut und im Jahr 1930 für 5500,- RM an einen Privatbesitzer verkauft worden, da die Kirchenleitung der Ansicht war, das dieses Gebäude nicht mehr den modernen Anforderungen und Ansprüchen genüge und eine Renovierung sich finanziell nicht lohne. Vermutlich hatte dieses Gebäude bereits einen älteren Vorgängerbau, der 1670 durch einen neuen Fachwerkbau ersetzt wurde. Pfr. Jacob Paul erwähnt in der Vorrede zur Pfarrchronik, dass das Haus auf dem Durchzugsbalken eine (heute nicht mehr vorhandene und schon damals (1858) nur noch zum Teil lesbare) Inschrift besessen hat: So waren zu lesen: „1. Auf der Südseite nach dem Hofe zu: FÜR FEUWER UND WASSER BEHÜT MICH GOTT DER (es folgt eine unleserliche Stelle) AUS ALLER NOHT. IN (Lücke) WARD ICH STAENDIG TAUSEND SECHS HUNDERT SIEBENZIG. BEIDE BAUWM (wahrscheinlich Baumeister) GEORG BURGHARD (Lücke mit dem Schluss ND). 2. Auf der Ostseite des Hauses: ALLEN EINKOMMENDEN GLÜCK UND HEIL IN DIESEM HAUS GOTT GEB ZUTHEIL. DABEI GUT FRIED IN EINIGKEIT NACHMALS DIE EWIG SELIGKEIT. AMEN. AUFGERICHT DEN 13. TAG OCTOBER. 3. Auf der Nordseite des Hauses: HASTU GUT AUGEN SCHAU MICH AN. WAS DU MIR GONST. DAS WOLSTU HANN.“

In einem großherzoglich-hessischen Inventarium von 1817 wird über das Pfarrhaus folgendes gesagt: „Das Pfarrhaus zu Großeneichen wird wie die Kirche von dem Kirchspiel gebaut und erhalten, ist von

Holz, 44 Fuß rheinisch lang und 23 ½ Fuß breit, aus 2 Stockwerken bestehend, das untere von 9 Fuß und das obere von 8 ½ Fuß hoch, mit einem Ziegeldache ungefähr 100 Schritte von der Kirche gelegen und in dem Brandassecurationscataster sub Nr. 94 mit 1560 fl. im Jahr 1804 assecuriert...“.[67]

Das Haus wurde im Laufe der Jahrhunderte mehrmals Reparaturen und Ausbesserungsarbeiten unterzogen, doch war sein Zustand nach Auskunft der Bewohner immer beklagenswert. Zuletzt wurden im Jahr 1925 kleinere Reparaturarbeiten durchgeführt. Am 4. Oktober 1927 wurde beschloss die Kirchenleitung einen Pfarrhausneubau im Pfarrgarten der Kirchengemeinde in der Lohgasse. Im Frühjahr 1928 konnte an der Nord-Ostecke des Hauses der Grundstein gelegt werden, und bis zum Jahresende 1928 waren die Rohbauarbeiten abgeschlossen. Am 19. August 1929 bezog die Pfarrfamilie König den Neubau. Die Baukosten betrugen - einschließlich der Arbeiten für Hof und Garten - insgesamt 25.900,- RM.

Aufgrund wechselnder Pfarrstellenzuschnitte in den Jahren nach 1960 stand das Pfarrhaus zeitweise auch leer, da die für Groß-Eichen zuständigen Pfarrer an anderen Orten wohnten (Sellnrod und/oder Freienseen). Ende der 1960er Jahre erfolgte für lange Zeit die letzte große Renovierung, bei der auch die schönen, alten Bodendielen und die Treppenstufen mit einem Linoleum-Belag überdeckt und das Treppengeländer übermalt wurde. Seit dem Jahr 2004 stand das Pfarrhaus wieder leer, und sein innerer und äußerer Zustand verschlechterten sich zunehmend. Da die Pfarrstelle Groß-Eichen und Ilsdorf zu einem halben Dienstauftrag verkleinert worden

[67] Diehl, „Baubuch“, S. 487.

und man von kirchenleitender Seite der Ansicht gewesen war, dass sich eine teure Instandsetzung (es waren von einem Architekten Kosten von ca. 500.000,- € veranschlagt worden) nicht lohne und die Pfarrstelle unter den gegebenen Umständen ohnehin nicht besetzt werden könne, riet man dem Kirchenvorstand zum Verkauf des Pfarrhauses, was dieser mehrfach und kategorisch ablehnte. Da aus Darmstadt keinerlei finanzielle Hilfen zu erwarten waren, hat der Kirchenvorstand die Eigeninitiative ergriffen und damit begonnen, das Pfarrhaus aus eigenen Kräften und Mitteln und mit viel (vor allem auch finanzieller) Unterstützung aus der Gemeinde zu renovieren. Inzwischen hat Groß-Eichen eine neue Pfarrerin, die zwar nicht im Pfarrhaus wohnt, aber mit allen Kräften die Renovierung des Pfarrhauses unterstützt. Ein erster Schritt war 2009/10 die komplette Neueindeckung des Daches, es folgten die Renovierung der Außenfassade und die Erneuerung der Fensterläden. 2011/12 wurde mit der Innenrenovierung begonnen: Das Obergeschoss, das inzwischen dank vieler Helfer fertiggestellt ist, wird zu einer Wohnung, im Untergeschoss werden das Amtszimmer der Pfarrerin und Räume für eine geplante Seniorenbegegnungsstätte und ein Ernst-Eimer-Zimmer eingerichtet.

Das Pfarrhaus vor der Renovierung (2005) und nach der Renovierung (2012)

5. Die Schule in Groß-Eichen

Geschichte des Schulwesens im Dorf

Vermutlich gab es bereits vor dem Dreißigjährigen Krieg für die Dorfjugend Schulunterricht in Groß-Eichen, doch lässt sich der Schulbetrieb erst ab dem Jahr 1650 belegen. Der erste amtlich nachweisbare Lehrer war Johann Heinrich Merten, der um 1653 in Groß-Eichen wirkte.[68]

Wo der Unterricht anfangs stattfand, ist nicht bekannt, das Schulhaus mit Lehrerwohnung wurde 1701 neben der (alten) Kirche errichtet. 1835 hatte die Groß-Eichener Schule 131 Schüler; im Jahr 1840 wurde, weil es zu eng geworden war, der Schulsaal an das Schulhaus angebaut. Der Lehrer bezog zu dieser Zeit ein Jahresgehalt von 410 fl. und hatte auch den Organisten- und Glöcknerdienst zu versehen. Ab dem Jahr 1832 regelte ein großherzogliches Edikt die Anstellung und das Dienstverhältnis des Schullehrers. Ein Kandidat konnte, nach zweijähriger Vorbereitungszeit, ab seinem 24. Lebensjahr das Lehramt übernehmen. Die Höhe seines Gehaltes wurde von der Gemeinde bestimmt, und der Schullehrer war durch eine Fruchtabgabe durch die Dorfbewohner zu entschädigen. Über körperliche Strafen an den Schülern musste Buch geführt werden. Ferner waren jährlich acht Wochen Ferien festgelegt, und der Schulaustritt hatte mit der Konfirmation zusammenzufallen.

1847 besuchten 137 Kinder bei einem (!) Lehrer die Schule. Auch der neu angebaute Schulsaal wurde bald zu klein, und es begannen

[68] Vgl. Rausch, S. 127, und Rubin, S. 47.

langwierige Verhandlungen zwischen dem Groß-Eichener Gemeinderat und der großherzoglich-hessischen Verwaltungs- und Schulbehörde wegen eines größeren Neubaus. Der Plan eines Erweiterungsbaus an das bestehende Schulhaus wurde wegen der räumlichen Nähe zur Kirche verworfen.

Im Jahr 1886 gelangte dann ein von dem großherzoglichen Baurat Dieffenbach aus Grünberg zur ministeriellen Genehmigung vorgelegter Bauplan zur Ausführung, und am 23. Oktober 1887 konnte das neue Schulgebäude (heute DGH, Hessenstraße, Ecke Ernst-Eimer-Straße) feierlich eingeweiht werden. Dieser Tag war für das ganze Dorf ein großer Feiertag. Pfarrer Gotthilf Kleberger berichtet in der Pfarrchronik ausführlich darüber, und Josef Rubin, der als einer der letzten Lehrer in Groß-Eichen wirkte, schreibt in seiner *Heimatgeschichte* unter Bezugnahme auf die Schulchronik: „Der Sonntag war ein rechter Sonnentag. Häuser und Straßen waren mit Girlanden, Fähnchen und Blumen geschmückt. Um 14 Uhr rief Glockengeläut die Festteilnehmer zur geschmückten alten Schule. Nach Aufstellung des Zuges richtete der Lehrer Bindewald vom Fenster der alten Schule aus passend gewählte Abschiedsworte. Er schloß mit der Aufforderung, das Lied: Wie groß ist des Allmächtigen Güte anzustimmen. Der Festzug, bestehend aus Musik, Fahnenträgern, Schülern, Burschen des Ortes, der Schlüsselträgerin, Festjungfrauen, Kreisrat und Bürgermeister, Baurat und auswärtigen Lehrern, Gemeindevorständen und den Gemeindegliedern, bewegte sich durch das Dorf zur neuen Schule. Nach den Ansprachen folgte die Schlüsselübergabe vom Bauherrn an den Bürgermeister und den Kreisrat. Pfarrer Kleberger hielt die Weihe des Hauses. Die

Gemeinde sang: Nun danket alle Gott. Alle Schüler erhielten eine Brezel; die Gemeindebewohner tanzten in der Wirtschaft Faust. Die Kosten des neuen Schulgebäudes betrugen 16.000,- M."[69]

Ab dem Jahr 1888 gab es eine zweite Lehrerstelle, und die Groß-Eichener Schule konnte zweiklassig, ab dem Jahr 1949 dreiklassig geführt werden. Noch Anfang der 1960er Jahre war geplant, in Groß-Eichen (vermutlich an einem neuen Standort) eine neue Mittelpunktschule zu errichten.[70] Doch ließ man von politischer Seite dieses Vorhaben schnell wieder fallen, denn zum Ende des Schuljahres 1969/70 wurde die Groß-Eichener Volksschule nach über 300-jähriger Tätigkeit geschlossen und zugunsten der neuen Mittelpunktschule (heute Gesamtschule) in Nieder-Ohmen aufgegeben, für deren Bau bis 1970 rund 25 Mio. DM an Kosten entstanden waren. Das bedeutete schon für die jüngsten und kleinsten Groß-Eichener Kinder eine gewaltige Umstellung: Statt wie bisher die Schule bequem am Ort zu Fuß erreichen zu können, waren sie ab sofort auf die längere Fahrt mit dem Schulbus angewiesen. Auch der Pfarrer des Ortes hatte von nun an seinen Religionsunterricht dort oder an einer anderen Schule zu erteilen, die persönliche Verbindung, auch durch Mischung der Klassen mit Schülern aus den verschiedensten Orten, ging damit verloren. Konnten früher die Schulkinder unter Beteiligung des Lehrers auch an den verschiedenen Gottesdiensten, z.B. durch Singen von Liedern, beteiligt werden, war dies fortan nur noch mit großen Schwierigkeiten möglich.

---

[69] Rubin, S. 48f..

[70] Vgl. Rausch, S. 130. Der Verfasser schreibt dort: „Schulverbände, die mit Baubeginn ihrer Mittelpunktschulen 1965 oder später rechnen können: 2. Streit-Gilchbachtal (Groß-Eichen) mit den Gemeinden Bobenhausen, Groß-Eichen, Höckersdorf, Sellnrod und Wohnfeld. Standort: Groß-Eichen." Daneben werden noch sechs weitere geplante Standorte (unter ihnen auch Nieder-Ohmen) aufgezählt.

6. Bekenntnis und Gottesdienst

Die lutherische Tradition und Besonderheiten der Liturgie

Seit der Einführung des evangelischen Bekenntnisses in der Reformationszeit war Groß-Eichen immer eine rein lutherisch geprägte Kirchengemeinde. Pfr. Paul stellte in seiner Vorrede zur Pfarrchronik dazu fest: „§ 10 Lehre: Hier wie in der ganzen Gegend hatte sich das strenge alte Luthertum ganz rein erhalten. Die Herren Riedesel verpflichteten noch, wie aus der Correspondenz, die zu Anfang des zweitaeltesten Kirchenbuches steht, hervorgeht, die Geistlichen ihres Bezirkes und auch die hiesigen auf die symbolischen Bücher und die Concordienformel. Auch ist noch jetzt (1858) der Geist der Gemeinde im Allgemeinen ein streng orthodoxer, altlutherischer und der lutherische Catechismus ist noch nicht aus der Schule verdrängt worden, obgleich der neue Badische durch meinen Vorgänger eingeführt worden war. Das Hersagen seiner Hauptstücke bei der Catechismuslehre in der Kirche, das früher ebenfalls üblich gewesen ist, ist jetzt abgekommen [d.h. wird nicht mehr praktiziert].

Beim Heiligen Abendmahl wird noch die Hostiee gebraucht und der Kelch wird dem Communicanten nicht in die Hand gegeben, sondern an den Mund gehalten.

Zur Änderung ihrer altlutherischen Ansichten scheint die Gemeinde durchaus kein Bedürfnis zu fühlen und die religiösen Neuerungen sind an ihr ganz spurlos vorübergegangen."

An diesen letzten Absatz hat ein späterer Pfarrer handschriftlich hinzugefügt: „Gottlob!". Dass diese Äußerung auch heute noch durchaus zutreffend ist, wird im zweiten Teil dieses Kapitels noch erläutert werden.

In § 11 Cultus schreibt Pfr. Paul weiter: „Auch in dem Cultus haben sich noch Spuren vom alten Luthertum erhalten. So ward z.B. bei oeffentlichen Leichen von einem Schulknaben, dem Sängerchor, der noch über die Straßen mit Gesang den Leichenzug begleitet, eine lange Stange mit einem schwarzen Kreuze an der Spitze voraus getragen. Auch hängen die Männer, wenn ihre Kinder gestorben, schwarze Trauermäntel um und einen schwarzen Flor über den Hut, die Weiber bei den Leichen ein weißes Tuch über den Kopf.

Der Kirchengesang wird bei den meisten Liedern mit eigenthümlichen häßlich klingenden und die Melodie oft ganz unkenntlich machenden Umschreibungen versehen.

Das heilige Abendmahl ward noch im Jahr 1674 13mal jährlich gefeiert, jetzt dagegen noch außer den 3 hohen Festtagen am 1ten Advent, auf den Sonntag Cantate und im Herbste.

Bei der Taufe existirt das Vorurtheil, daß man 2 Kinder nicht zugleich aus Ein und demselben Wasser taufen dürfe. Denn sonst müßte Eines davon sterben.

Was die Feiertage betrifft, so wurden an den 3 großen Festen früher bis zum Jahr 1784 die 3ten Feiertage begangen, wo sie vom Consistorium in Lauterbach abgeschafft wurden. Die Buß- und Bettage wurden früher als Buß= Fast und Bettage bezeichnet, noch im Jahr 1741, wo diese Benennung zum Letztenmal vorkommt. Auch Dankfeste wurden früher besonders veranstaltet, so z.B. solche zur Feier des Sieges über die Türken."

Viele der gerade genannten Sitten und Gebräuche haben sich natürlich im Laufe der Jahre geändert, gerieten aus der Mode oder galten einfach als überholt. Dennoch findet sich noch heute viel lutherisches Traditionsbewusstsein im gottesdienstlichen Leben und hat sich – anders als in anderen Gemeinden – bis heute erhalten.

So wird noch heute im Sonntagsgottesdienst (mit Ausnahme von Tauf- und Konfirmationsgottesdiensten und an den drei „hohen Festen") das Glaubensbekenntnis gesungen: „Wir glauben all an Einen Gott, Schöpfer Himmels und der Erden, der sich durch Jesum seinen Sohn, uns zum Vater hat gegeben. Er will uns allzeit ernähren, uns zur Seligkeit bewahren, durch den Heil'gen Geist im Glauben; kein Leid soll uns widerfahren. Und ob auch Tod und Hölle dräut, wir sind des Herrn in Ewigkeit! Amen. Amen, Amen!"

Das einstrophige „Glaubenslied" ist genau genommen eine Kurzform von Martin Luthers dreistrophigem Glaubenslied (EG 183) und findet sich zuletzt auch mit der entsprechenden Melodie im *Gesangbuch für die evangelische Landeskirche in Hessen*, Darmstadt 1923, unter der Nr. 574. Das *Kirchenbuch für die Evangelische Kirche des Großherzogtums Hessen*, Darmstadt 1904, sieht dieses Lied, dessen Text im Anhang dazu auch abgedruckt ist, als festen Bestandteil des Gottesdienstes vor, alternativ konnte das Glaubensbekenntnis gesprochenen werden. Das Lied hatte drei verschiedene Melodien, durchgesetzt hat sich in Groß-Eichen die Fassung „Langenöls 1742". Dies ist eine Tradition, die sich bis heute in der Groß-

Eichener Gottesdienstliturgie erhalten hat und ein fester Bestandteil des Gottesdienstes ist.

Ebenfalls erhalten hat sich eine weitere alte Tradition aus der Liturgie des alten großherzoglich-hessischen Kirchenbuches: Das Singen des Gnadenliedes (EG 561, nach 2. Kor. 13,13) direkt nach dem Vaterunser, das in der Passionszeit durch ein altes Herrnhuter Passionslied von Christian Renatus von Zinzendorf ersetzt wird: „Die wir uns allhier beisammen finden, schlagen unsre Hände ein. Uns auf deine Marter zu verbinden, dir auf ewig treu zu sein. Und zum Zeichen, dass dies Lobgetöne deinem Herzen angenehm und schöne, sage Amen und zugleich: Friede, Friede sei mit euch!"

Auch der Hallelujagesang nach der Schriftlesung stammt noch aus der Liturgie des alten hessischen Gesangbuches und ist in dem neuen hessischen Gesangbuch (EG) so nicht zu finden.

Die restliche Liturgie des Groß-Eichener Sonntagsgottesdienstes ist die der Form II B des Hessischen EG mit einer Ausnahme: Es gibt keine Salutatio, also den alten Wechselgruß zwischen Pfarrer und Gemeinde: „Der Herr sei euch!" – „Und mit deinem Geist(e)!"

Eine weitere Besonderheit ist die Stellung der Abendmahlsfeier. Nach ganz alter Tradition wird das heilige Abendmahl fünf Mal im Laufe des Kirchenjahres im Anschluss an den Gottesdienst gefeiert: 1. Weihnachtsfeiertag, Karfreitag, Erntedankfest und Ewigkeitssonntag (seit einiger Zeit mit Ausnahme des Gründonnerstags, wo es wegen des besonderen Charakters dieses Abends im Gottesdienst stattfindet). Hinzu kommen noch die Abendmahlsfeiern zur Konfirmation (immer am Sonntag Kantate) und zu den Jubiläumskonfirmationen (Silberne, Goldene und Diamantene), die ebenfalls im Anschluss an den jeweiligen Gottesdienst stattfinden. Die Form der Abendmahlsfeier nach dem Sonntagsgottesdienst entstammt auch in Groß-Eichen wie in vielen anderen oberhessischen Dorfgemeinden noch der Tradition des sog. Ständeabendmahls. An genau festgelegten Sonn- und Feiertagen des Kirchenjahres gingen jeweils bestimmte Altersgruppen zum Abendmahl, das deshalb im Anschluss an den Gottesdienst gefeiert wurde. Auch wenn dies heute i.d.R. nicht mehr praktiziert wird und zur Abendmahlsfeier immer alle im Gottesdienst anwesenden konfirmierten Gemeindeglieder eingeladen sind, möchte man gerne auch an dieser letzteren Tradition festhalten.

Wie es das großherzoglich-hessische Kirchenbuch vorsieht, werden diejenigen, die nicht an der Abendmahlsfeier teilnehmen, mit einem besonderen Segenswort aus der Kirche entlassen und können während eines Musikstückes leise die Kirche verlassen.

Die Abendmahlsliturgie selbst ist schlicht, Präfation und Hochgebet sind, wie es früher noch üblich war, heute der Gemeinde nicht mehr bekannt, und hier besteht auch kein Wunsch, diese alte Tradition wieder einzuführen. Auch heute noch wird die Hostie gereicht, aber es wird nicht mehr, wie es Pfr. Paul noch beschreibt, „dem Communicanten der Kelch an den Mund gehalten“, sondern es werden heute i.d.R. Einzelkelche gebraucht, die nach Wahl auch mit Traubensaft gefüllt sein können. Die Zulassung zum Abendmahl beginnt mit der Konfirmation.

Auch bei den Kasualgottesdiensten hat sich die eine oder andere alte Tradition bis heute erhalten: So ist es bei Traugottesdiensten bis heute üblich, dass das Brautpaar mit all seinen Gästen gemeinsam in einem langen Hochzeitszug vom Wohnhaus zur Kirche zieht, wo man von der Pfarrerin bzw. dem Pfarrer erwartet wird. Das Brautpaar sitzt während des Gottesdienstes auf den Brautstühlen in einem – meist von den Konfirmanden aus Efeu oder Tannenzweigen vor den Altar gelegten – Herz, das die Zusammengehörigkeit symbolisieren soll. Nach dem Segen und während des Orgelnachspiels gehen Pfarrerin bzw. Pfarrer, Brautpaar und dann alle diejenigen, die in der Kirche zu Gast waren, um den Altar herum und verlassen so in einem langen gemeinsamen Zug die Kirche. Auf der Rückseite des Altars steht ein Körbchen, in das alle ihre Kollekte im Vorbeigehen hineinlegen können.

Eine alte, lange Zeit nicht immer praktizierte, aber heute wieder ganz wichtig gewordene Tradition ist die Aussegnung der Verstorbenen. Wenn die Person zu Hause gestorben ist, versammeln sich am späten Nachmittag oder frühen Abend des Sterbetages die Familie, die Nachbarn und die Pfarrerin bzw. der Pfarrer zu einer kleinen Andacht im Sterbehaus, von dort wird der Sarg dann unter Glockengeläut gemeinsam in einem Trauerzug zur Friedhofskapelle hinaufgeleitet, wo die Pfarrerin dem Verstorbenen den sog. Valetsegen zuspricht: „Es segne dich Gott, der Vater, der dich nach seinem Bilde geschaffen hat. Es segne dich Gott, der Sohn, der dich durch sein Leiden und Sterben erlöst hat. Es segne dich Gott, der Heilige Geist, der dich zum Leben gerufen und geheiligt hat. Gott der Vater und der Sohn und der Heilige Geist geleite dich durch das Dunkel des Todes in sein Licht. Er sei dir gnädig und gebe dir Frieden und ewiges Leben." Anschließend können die Angehörigen und Anwesenden dann in Ruhe am offenen oder geschlossenen Sarg Abschied nehmen. Ist jemand andernorts gestorben, geschieht die Überführung meist direkt zum Friedhof, wo dann die Aussegnungsfeier stattfindet. Je nach Bestattungsform bleibt der Sarg bis zur Beisetzung in der Leichenhalle stehen oder wird zum Krematorium überführt.

Die Trauergottesdienste finden in der Kirche statt, daran schließt sich die Beisetzung auf dem direkt neben der Kirche gelegenen Friedhof an, der in seiner heutigen Größe und Lage am 5. Oktober 1883 eingeweiht worden war. Nach alter Tradition tragen drei Konfirmandinnen und Konfirmanden das Kreuz voran und führen den Trauerzug aus der Kirche hinaus zum Friedhof bis an das Grab. Noch heute ist es üblich, dass die Männer der Nachbarschaft den Sarg tragen und die Frauen sich um die Organisation des Beerdigungskaffeetrinkens kümmern, das aus praktischen Gründen meist im nahen Gemeindehaus stattfindet.

7. Daten, Fakten und Zahlen

1. Die Pfarrer in Groß-Eichen seit der Reformationszeit

Das offizielle Pfarrerverzeichnis begann bisher immer mit Johannes Vipertus. Aufgrund neuer hier vorgestellter Forschungsergebnisse lässt sich das Verzeichnis zeitlich nach vorn ergänzen, wenngleich die Angaben auch insgesamt unvollständig bleiben müssen. Demnach haben auf dieser Pfarrstelle bis heute 29 Pfarrer und eine Pfarrerin gewirkt[71]. Soweit bekannt, werden zuerst die Lebensdaten, danach die Dauer der Amtszeit in Groß-Eichen angegeben:

1. Herr „Peter", leider ist uns sein Nachname nicht bekannt: 1531-?
2. Johann Heinrich Mo(h)r: in den 1550er Jahren
3. Johannes Vipertus: 1561-1584
4. Konrad Altag (+1612 in Groß-Eichen): 1584-1612
5. Johannes Ruppersberg: 1612-1619
6. Hermann Bothius (1591-1635): 1619-1635
7. Johann Jakob Hanefels (+1653 in Trais-Horloff):1635-1641
8. Johannes Zimmer: 1641-1672
9. Johann Georg Pauli (1637-1705): 1672-1705
10. Johann Konrad Pauli (1674-1743): 1705-1743
11. Johann Georg Müller (1701-1773): 1744-1773
12. Johann Friedrich Karl Müller (1746-1810): 1774-1810
13. Ludwig Roth (1789-1835): 1811-1818
14. Georg Adam Philipp Lißberger (1768-1819): 1818-1819

[71] Quellen: Diehl: „Pfarrer- und Schulmeisterbuch", S. 352f., und *Pfarrchronik* Groß-Eichen.

15. Daniel Schlich: 1819-1838
16. Georg Ernst Müller: 1838-1855
17. Jacob Paul: 1855-1866
18. Theodor Bindewald (1829-1880): 1867-1876

<u>Von 1876-1892 war die Pfarrstelle nicht besetzt.</u>

19. Julius Lehr (1863-1923): 1892-1898
20. Valentin Brück (*1867): 1898-1904
21. Robert Staubach (*1878): 1906-1924
22. Paul König (*1897): 1926-1935
23. Ernst Damerau (1906-1940): 1936-1940

<u>Von 1940-1945 war die Pfarrstelle nicht besetzt.</u>

24. Walter Wilhelm Heinrich Weinandt (*1912): 1945-1957
25. Eduard Klesy (*1929): 1958-1966
26. Alfred Sonnenberg (*1930): 1966-1969
27. Otto Fischer (*1909): 1970-1974
28. Martin Breidert (*1946): 1975-1978
29. Manfred Günther (*1950): 1978-2003

<u>Von 2003-2008 war die Pfarrstelle nicht besetzt.</u>

30. Kerstin Kiehl (*1974): seit 2008

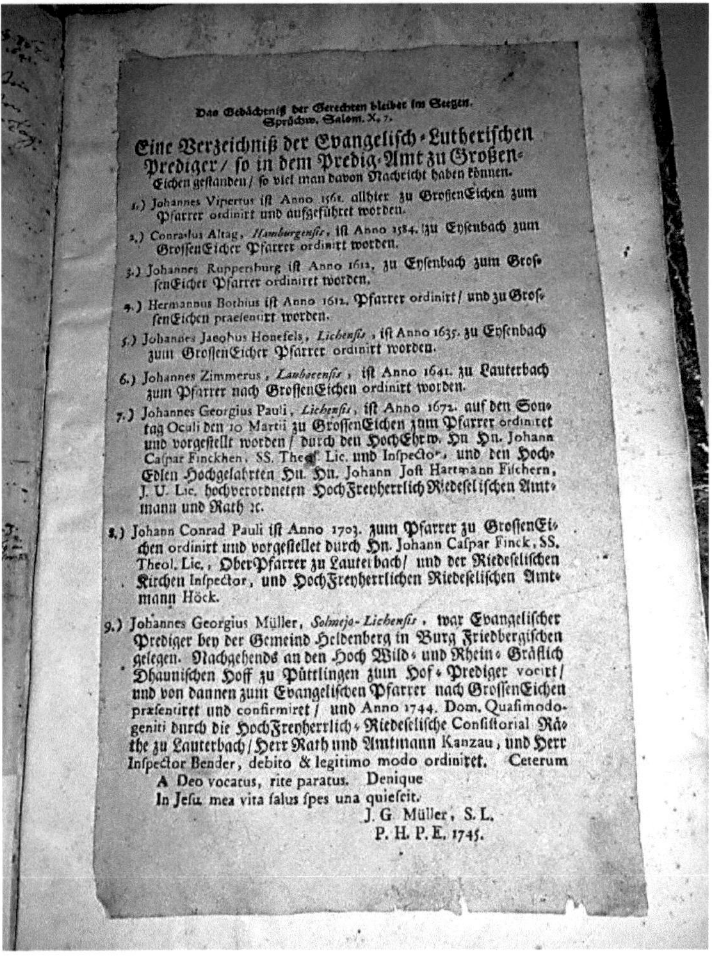

Das Gedächtniß der Gerechten bleibet im Seegen.
Sprüchw. Salom. X, 7.

Eine Verzeichniß der Evangelisch-Lutherischen Prediger / so in dem Predig-Amt zu Grossen-Eichen gestanden / so viel man davon Nachricht haben können.

1.) Johannes Vipertus ist Anno 1561. allhier zu GrossenEichen zum Pfarrer ordinirt und aufgeführet worden.

2.) Conradus Altag, *Hamburgensis*, ist Anno 1584. zu Eysenbach zum GrossenEicher Pfarrer ordinirt worden.

3.) Johannes Ruppersburg ist Anno 1612, zu Eysenbach zum GrossenEicher Pfarrer ordiniret worden.

4.) Hermannus Bothius ist Anno 1612. Pfarrer ordinirt / und zu GrossenEichen praesentirt worden.

5.) Johannes Jacobus Honefels, *Lichensis*, ist Anno 1635. zu Eysenbach zum GrossenEicher Pfarrer ordinirt worden.

6.) Johannes Zimmerus, *Laubacensis*, ist Anno 1641. zu Lauterbach zum Pfarrer nach GrossenEichen ordinirt worden.

7.) Johannes Georgius Pauli, *Lichensis*, ist Anno 1672. auf den Sontag Oculi den 10 Martii zu GrossenEichen zum Pfarrer ordinitet und vorgestellt worden / durch den HochEhrw. Hn. Hn. Johann Caspar Finckhen, SS. Theol. Lic. und Inspector, und den HochEdlen Hochgelahrten Hn. Hn. Johann Jost Hartmann Fischern, J. U. Lic. hochverordneten HochFreyherrlich Riedeselischen Amtmann und Rath ꝛc.

8.) Johann Conrad Pauli ist Anno 1703. zum Pfarrer zu GrossenEichen ordinirt und vorgestellet durch Hn. Johann Caspar Finck, SS. Theol. Lic., OberPfarrer zu Lauterbach / und der Riedeselischen Kirchen Inspector, und HochFreyherrlichen Riedeselischen Amtmann Höck.

9.) Johannes Georgius Müller, *Solmejo-Lichensis*, war Evangelischer Prediger bey der Gemeind Heldenberg in Burg Friedbergischen gelegen. Nachgehends an den Hoch Wild- und Rhein- Gräflich Dhaunischen Hoff zu Püttlingen zum Hof-Prediger vocirt / und von dannen zum Evangelischen Pfarrer nach GrossenEichen præsentiret und confirmiret / und Anno 1744. Dom. Quasimodogeniti durch die HochFreyherrlich-Riedeselische Consistorial Räthe zu Lauterbach / Herr Rath und Amtmann Kanzau, und Herr Inspector Bender, debito & legitimo modo ordiniret. Ceterum

A Deo vocatus, rite paratus. Denique
In Jesu mea vita salus spes una quiescit.

J. G. Müller, S. L.
P. H. P. E. 1745.

Verzeichnis der Groß-Eichener Pfarrer aus dem Jahr 1745, enthalten in der hinteren Umschlagseite des zweitältesten Kirchenbuches

2. Statistik über die Entwicklung des Gemeindelebens

Das älteste Kirchenbuch von 1672 enthält eine Auflistung der Einwohner Groß-Eichens aus dem Jahre 1668. Demnach wohnten im Dorf 114 Erwachsene und 232 Kinder, also 346 Einwohner. 1834 lebten in Groß-Eichen 789 Personen, 1852 waren es 875 Einwohner, bis 1858 sank die Zahl auf 791. Im Jahr 1900 wohnten in Groß-Eichen 729 Personen, davon 726 Evangelische. 1928 lebten im Dorf 700 Einwohner, davon waren 699 evangelisch.

Im Jahr 1939, vor Ausbruch des Zweiten Weltkrieges, gab es im Dorf 707 Einwohner, 1948 waren es, einschließlich der Heimatvertriebenen, 1056 Einwohner. Eine Statistik von 1950 nennt 963 Einwohner, davon 814 Evangelische, und bis 1961 sank die Zahl auf 876 Personen; 1970 waren es 883 Einwohner, 2006 gab es 954 Einwohner, davon rund 700 Evangelische.

3. Besondere Ereignisse im Gemeindeleben früherer Tage

Im Folgenden soll über einige ausgewählte besondere Ereignisse im Gemeindeleben der Vergangenheit berichtet werden:

Wie bereits erwähnt, besitzt die Kirchengemeinde ein Ölgemälde mit Kreuzigungsdarstellung aus dem Jahre 1697, das heute an der Westwand, links neben dem Haupteingang, im Kirchenschiff hängt. Pfarrvikar Bernhard Bohn, der Pfarrer Jacob Paul während dessen Krankheit einige Monate vertrat, hatte dieses Bild im Juni 1861 neu gerahmt und restauriert. Auch zur damaligen Zeit hing es in einer dunklen Ecke und wurde von der Gemeinde wenig beachtet, vielleicht auch wegen seines damals schlechten Zustandes. Nach Restaurierung und Neurahmung waren die Kirchenvorstandsmitglieder so begeistert von dem ‚neuen' Bild, dass man im Juli dieses Jahres in einer Sitzung beschloss, dass das Bild nun für alle Zeiten an dem ihm zugewiesenen Platz im Altarraum bleiben solle, nämlich an dem hinter dem Altar stehenden und die Orgelempore tragenden Pfeiler, in der Mitte der beiden Bögen. Wie lange es tatsächlich dort geblieben ist, lässt sich nicht feststellen, aber wahrscheinlich ist es schon bei einer der nächsten Innenrenovierungen der Kirche wieder umgehängt worden. Heute hängen an besagtem Pfeiler die Liedanzeigetafel und der kleine Taufapfelbaum. Die erwähnten Bögen, die eine alte Fotografie aus den 30er Jahren des 20. Jahrhunderts noch zeigt, sind heute nicht mehr vorhanden.

Eine anderes, auch mit Pfarrvikar Bohn in Verbindung stehendes Ereignis war die Einführung des dreifachen Amen-Singens zum Schluss des Gottesdienstes. Was heute ganz üblich und offizieller Bestandteil der Gottesdienstliturgie ist, war 1861 eine revolutionäre Veränderung: Pfarrvikar Bohn hatte ohne Genehmigung der kirchlichen Behörden das dreimalige Singen des Amen nach dem Segen eingeführt, was von weiten Teilen der Gemeinde gerne angenommen worden war. Allerdings gab es auch entschiedene Gegner, die darin einen Versuch sahen, „die Gemeinde mit katholischen Bräuchen zu beglücken". Als Pfarrer Paul seinen Dienst wieder aufnahm, fand er die liturgische Neuerung vor und war ihr gegenüber gar nicht so abgeneigt. Aber er fürchtete die Auseinandersetzung mit den Gegnern dieser Neuerung, die sich zuvor mit einer Eingabe an das

Großherzogliche Dekanat in Grünberg gewandt und darum gebeten hatten, diesen Gebrauch, „durch welchen Partheiwesen in der Gemeinde eingerissen und zugleich der Geist des Fanatismus, der in den seitherigen Geistlichen, welche nur Verkündiger von vernünftigen Religionswahrheiten gewesen, keine Fürsprecher bis dahin erhalten gehabt, heraufbeschworen worden sey“, wieder abzustellen. Das Dekanat bestimmte in einem Antwortschreiben, dass der Kirchenvorstand eine Entscheidung treffen solle. Da sich dieser aber auch wegen der neutralen Haltung des Pfarrers nicht zu einem eindeutigen Votum durchringen konnten, wurde das Dekanat erneut um Hilfe gebeten. Dieses empfahl nun, „daß es das geeignetste sey, wieder zu dem zurückzugehen, wie es früher üblich gewesen“. Daraufhin wurde der dreifache Amengesang im November 1861 wieder eingestellt und erst bei einer späteren Liturgiereform offiziell eingeführt.

Früher war es in den meisten Gemeinden nicht üblich, der Kirchenjahreszeit entsprechende Paramente für Altar und Kanzel zu verwenden. Ursprünglich waren für die normalen Sonntage für den Altar nur blaue Leinentücher und für die Abendmahlsgottesdienste besondere weiße Altardecken in Gebrauch. So wurden immer wieder neue blaue Altartücher und Decken, z.B. 1839 oder 1866, angeschafft bzw. von Frauen aus der Gemeinde bestickt und der Kirche gestiftet, wie es bis heute noch für die weißen Altartischdecken Brauch ist. Erst 1937 wurden in Groß-Eichen Paramente für Altar und Kanzel in den liturgischen Farben eingeführt, die im Darmstädter Elisabethenstift hergestellt worden waren. Ihre vorgeschriebene Verwendung deckte sich allerdings nicht ganz mit der heutigen: So sollte die weiße Decke gebraucht werden: Vom Weihnachtsabend bis Epiphanias, von Ostern bis Himmelfahrt und an allen Abendmahlssonntagen. Die Verwendungszeit der roten Decke war: Pfingsten bis Kirmesdienstag, Michaelis bis vor Totensonntag und am Reformationstag. Die grüne Decke sollte gebraucht werden: Vom 1. So. nach Epiphanias bis Estomihi, nach dem Kirmesdienstag bis Michaelis und am Erntedankfest. Die violette Decke schließlich sollte verwendet werden: Vom 1. Bis zum 4. Advent, von Aschermittwoch bis zum Samstag vor Ostern und am Totensonntag.

Auch neue Gegenstände der Kircheneinrichtung wurden immer offiziell in den Gottesdiensten eingeweiht und in Gebrauch genommen: So erhielt die Kirchengemeinde im Jahr 1868 drei große neue Kannen und ein Ciborium für das Abendmahl, die in Stuttgart „aus englischem Zinn“ angefertigt wurden. Diese Kannen sind noch heute erhalten, werden aber nicht mehr für das Abendmahl benutzt. 1870 konnte ein neues Altarkruzifix eingeweiht werden und im Jahre 1872 das heute am Treppenaufgang zur Kanzel hängende Lutherbild.

Noch heute finden wir häufig die Geschlechtertrennung im Gottesdienst. Gerade die alten, traditionsbewussten Groß-Eichener Kirchgänger haben noch ihren angestammten Sitzplatz in der Kirche: die Männer oben auf der Empore, die Frauen unten im Kirchenschiff. Wenn viele Gemeindeglieder heute noch Wert auf einen festen Sitzplatz in einer ganz bestimmten Reihe in der Kirche legen, können sie sich dabei auf sehr alte Gewohnheiten und Rechte berufen. In der Pfarrchronik ist überliefert, dass in den Jahren 1894/95, zum zweiten Mal nach vierzig Jahren, eine Sitzplatzrevision vorgenommen wurde. Man besaß zwar noch ein Verzeichnis aus dem Jahr 1847, doch war dieses unvollständig bzw. überholt, da manche Häuser nicht mehr existierten bzw. andere neu gebaut worden und zahlreiche Menschen auch neu zugezogen waren. Früher war es nämlich üblich - das geht schon aus Anmerkungen in den alten Riedeselischen Kirchenordnungen hervor -, dass aus einem Haus immer eine bestimmte Anzahl von Bewohnern zum Gottesdienst zu erscheinen hatte und dies wechseln konnte. Daher wurde den Häusern entsprechend eine feste Anzahl von Sitzplätzen zugewiesen. Nun musste also 1894/95 der Kirchenvorstand „unter größter Mühe" eine neue „Stuhlordnung" aufstellen, die von der kirchlichen Gemeindevertretung genehmigt und in einem extra angefertigten „Stuhlbuch" eingetragen worden war. Nach vollzogener Revision wurden die einzelnen Plätze nummeriert und für jeden Platz wurde eine Karte mit dem Namen des Eigentümers, der Bezeichnung des Platzes und dem Siegel der Pfarrei ausgestellt, wobei jedes Haus zwei Karten erhielt.

Dass in früheren Zeiten rechts neben dem nördlichen Kircheneingang eine alte Gedenktafel hing, ist nur noch sehr wenigen Groß-Eichenern bekannt. Völlig in Vergessenheit geraten zu sein scheint das Wissen darum, dass an dieser Stelle nicht nur die Gedenktafel angebracht war, sondern dass dort auch fünf verstorbene Groß-Eichener Pfarrer beigesetzt worden waren. Vier, jeweils der Vater und dann sein Sohn als dessen Nachfolger, haben insgesamt fast einhundertvierzig Jahre das pfarramtliche Leben in Groß-Eichen geprägt und mitgestaltet. Es waren Johann Georg Pauli (1672-1705), der das erste Kirchenbuch zu führen begann, sein Sohn Johann

Konrad Pauli (1705-1743), dem Johann Georg Müller (1744-1773) nachfolgte, in dessen Amtszeit die Groß-Eichener Kirche neu erbaut worden war und dessen Bild an der Westempore zu finden ist, sein Sohn Johann Friedrich Karl Müller (1774-1810) und schließlich Georg Adam Philipp Lißberger (1818-1819), der nur ein Jahr in Groß-Eichen wirken konnte.

Wie eng und emotional die Bindung der Gemeinde gerade zum letzten Pfarrherrn Müller war, zeigt ein ausführlicher Bericht in der Pfarrchronik aus dem Jahr 1860. Zum 50. Todestag von Pfarrer Johann Karl Müller gab es am 29. Juli 1860 (dem 8. So. n. Trinitatis) auf Anregung des damaligen Bürgermeisters Konrad Müller (der nicht mit Pfr. Müller verwandt war) in der Kirche einen feierlichen Gedenkgottesdienst, über dessen Verlauf Pfarrer Jacob Paul sehr ausführlich berichtet. Viele ältere Groß-Eichener hatten Pfarrer Müller noch persönlich gekannt, waren von ihm noch konfirmiert oder getraut worden und „gedachten in freudiger Rührung desselben". Am Ende seines Berichtes erwähnt Pfarrer Paul, dass „über die Kirchenthüre folgende mit einen Eichenkranz und Rahmen eingefaßte Inschrift angeheftet" wurde: „Zum liebevollen Andenken an Friedrich Karl Müller, einem seltenen Freunde der Armen, geboren zu Großen-Eichen den 17. März 1746, eine dankbare Gemeinde am 50ten Jahrestage seines zu Groß-Eichen den 25. Juli 1810 erfolgten Todes. Brief an die Hebräer, cap. 13, Verse 7 und 8."

Die oben erwähnte Gedenktafel mit den Namen und Daten der fünf verstorbenen Groß-Eichener Pfarrer, so berichtet Pfarrer Paul weiter, war bereits schon früher von Pauls Vorgänger Pfarrer Ernst Müller und Bürgermeister Konrad Müller an der Wand der Kirche angebracht und bei dieser Gedenkfeier ergänzt und die Buchstaben z.T. neu vergoldet worden. Zur Erinnerung und aus Dank hatte die Gemeinde zum Gedächtnis ihrer vor Ort verstorbenen Pfarrer diese Gedenktafel an der nördlichen Kirchenwand über deren Gräbern angebracht. Dass man sie bei der Renovierung der Kirche 1965 einfach gedankenlos entfernt und gewissenlos entsorgt hat (Pfarrer Klesy berichtet kurz darüber, dass eine „alte, völlig verrottete Gedenktafel, die noch geringe Schussspuren aufwies“, entfernt wurde und nennt vier Pfarrer) und nicht wenigstens eine neue angefertigt wurde, ist mehr als zu bedauern und im Blick auf das historische Erbe der Gemeinde geradezu unverständlich.

Vieles gäbe es noch aus alter und neuerer Zeit aus der Pfarrchronik zu berichten, aber es würde den Rahmen dieser Arbeit sprengen. Sehr interessant sind die vielen Mitteilungen über die Witterung in den vergangenen Jahren und Jahrzehnten, die das landwirtschaftliche Leben der Menschen, früher mehr noch als heute, stark geprägt und beeinflusst hat. In den Jahren nach 1870 wird immer wieder auch von in der Nähe des Dorfes stattfindenden Manövern und Einquartierungen im Dorf berichtet, und als traurige Mitteilungen erfahren wir an vielen Stellen von Selbstmorden im Dorf, meist durch Erhängen. Es waren alte und einsame, manchmal geistig umnachtete Menschen, aber auch junge Frauen, die aus Liebeskummer ihrem traurigen Leben ein Ende setzten. Auch politische Ereignisse wurden in der Chronik verzeichnet, aus der großen weiten Welt und aus dem Dorf selbst.

Wichtig mag noch der Hinweis sein, dass in den alten Berichten und Erzählungen immer auch von der Katechismuslehre und sog. liturgischen Gottesdiensten die Rede ist. Beides waren zusätzlich zum normalen Sonntagsgottesdienst gebräuchliche und vorgeschriebene Gottesdienstformen. Die Katechismuslehre - wir haben bereits durch die Riedeselischen Kirchenordnungen von ihr gehört - war ein meist an den Gottesdienst angeschlossener Unterweisungsgottesdienst für die Konfirmierten und musste i.d.R. bis zum 18. Lebensjahr besucht werden. Mancherorts war und ist er auch unter der Bezeichnung „Christenlehre" bekannt (nicht zu verwechseln mit dem in der ehemaligen DDR so genannten kirchlichen Unterricht). Die sog. liturgischen Gottesdienste gehörten zu den im großherzoglich-hessischen Kirchenbuch aufgeführten Nebengottesdiensten und wurden immer am Nachmittag oder Abend eines Sonn- oder Feiertages gefeiert und sind besonders musikalisch gestaltet worden (meist sangen die Schulkinder oder der Gesangverein).

4. Mitarbeiterinnen und Mitarbeiter im Jubiläumsjahr 2012

Der derzeitige Kirchenvorstand trat nach den Kirchenvorstandswahlen im Juni 2009 am 01. November dieses Jahres seinen Dienst an. Zur Vorsitzenden wurde – wie bereits in der vergangenen Legislaturperiode (2003-2009) – Ingrid Pumm gewählt, die auch das Gemeindebüro für Groß-Eichen und Ilsdorf ehrenamtlich führt. Weiterhin gehören dem Kirchenvorstand an: Pfrin. Kerstin Kiehl, zugleich auch stellvertretende Vorsitzende, Eva Bäcker, Elisabeth Grey-

Lüttke, Doris Grußlik, Christina Heidt, Thorsten Lang, Erika Preis und Tina Specht.

Das Amt des Küsters (bzw. wie es in Groß-Eichen und in vielen Dörfern Oberhessens heißt: des Kirchendieners) hat seit 1981 Hans Stamm inne, dessen 30. Dienstjubiläum im Jahre 2011 in der Gemeinde mit einem Festgottesdienst und anschließendem Empfang feierlich begangen werden konnte. Unterstützt wird er dabei tatkräftig von seiner Ehefrau Renate, die auch erste Ansprechpartnerin für den sehr aktiven Frauenkreis der Gemeinde ist. Den Vertretungsdienst für den Kirchendiener hat Wilfried Pfeffer inne.

Seit 58 Jahren (!) ist Otto Peter als Organist in der Gemeinde tätig. 2004 konnte er zusammen mit der ganzen Gemeinde sein Goldenes Organistenjubiläum feiern, und er ist nach wie vor die große und zuverlässige Stütze in der kirchenmusikalischen Arbeit. Vertreten wird er meist von seiner Tochter Carolin van gen Hassend, die in Ilsdorf als Organistin tätig ist.

Der Kindergottesdienst liegt in den bewährten Händen von Susanne Bareuther, die gemeinsam mit Thorsten Lang auch den wöchentlichen Jugendtreff betreut und die im Herbst stattfindenden Kinderfreizeiten leitet.

Birgit Braun ist für die Sauberkeit im Gemeindehaus zuständig, und Kristine und Sebastian Ruppenthal pflegen die kirchlichen Außenanlagen. Willi Ellrich und Reinhold Schombert kümmern sich um alle anfallenden handwerklichen Belange.

Neben den oben genannten Mitarbeiterinnen und Mitarbeitern gibt es noch viele ehrenamtliche Helferinnen und Helfer, die in den zahlreichen Gruppen und Kreisen der Gemeinde aktiv sind und bei den Festen und Feiern tatkräftig mit anpacken.

Genannt seien noch Renate und Lydia Knöß, die als Gesangsduo zahlreiche Veranstaltungen und Gottesdienste musikalisch bereichern. Auch der „Gesangverein 1890 Groß-Eichen", der „Posaunenchor Unterer Vogelsberg" und die „Seenbachtaler Jagdhornbläser" gestalten im Laufe des Kirchenjahres viele Gottesdienste musikalisch mit.

Mit den anderen Groß-Eichener Vereinen gibt es ebenfalls eine sehr gute Zusammenarbeit bei der Durchführung von gemeinsamen Veranstaltungen wie z.B. der Kirmes im Juni mit dem „TSV 1913 Groß-Eichen" oder seit dem vergangenen Jahr des gemeinsamen Herbstfestes im Festzelt vor dem DGH mit Feier des Erntedankgottesdienstes zusammen mit der „Burschenschaft Einigkeit 1971" und dem „Obst- und Gartenbauverein".

Schlusswort

Der Gang durch die fast tausendjährige Groß-Eichener Kirchengeschichte hat viele neue Informationen und Erkenntnisse zu Tage gebracht, vorhandenes Wissen neu aufbereitet und beides miteinander in Verbindung bringen können. Dabei ist eine umfangreiche Festschrift entstanden, die es in dieser Form noch nicht gegeben hat.

Möge dieses Buch für die Groß-Eichener zu einem „Hausbuch" werden, aus dem man in der Gegenwart und auch in der Zukunft viele Informationen über die geschichtliche Entwicklung von Kirche und Kirchengemeinde erhalten und weitergeben kann.

Mögen alle an der oberhessischen Kirchen- und Regionalgeschichte interessierten Leserinnen und Leser durch dieses Buch neue Einblicke und Anregungen gewonnen oder sogar selbst Lust bekommen haben, sich mit der Kirchengeschichte dieser Region weiter zu beschäftigen.

Die Forschungen sind bei Weitem nicht abgeschlossen, es bleibt sogar zu hoffen, dass in Zukunft heute noch unbekanntes und unentdecktes oder gar unbeachtetes Material, vielleicht auch durch Zufall, entdeckt, ausgewertet und veröffentlicht wird. Die vorliegende Festschrift gibt den aktuellen Wissensstand wieder, der aber gewiss nicht das letzte Wort sein wird.

Für die Groß-Eichener Kirmes wird – auch wenn der eigentliche Kirchweihtag nun nachweislich zu einem anderen Termin stattgefunden hat, die lange Tradition des 3. Juni-Dienstages bestehen bleiben, wenn auch mit neuem Hintergrundwissen.

Vielleicht wird künftig auch der Oktobertermin im Festkalender der Kirchengemeinde mehr Beachtung finden, damit dann gelegentlich auch dort Veranstaltungen durchgeführt werden können.

Es bleibt zu hoffen, dass auch die traditionsbewusste Dorfgemeinschaft durch dieses Buch neue Impulse erhält und im Blick auf die 1000-Jahrfeier erste neuere heimatgeschichtliche Forschungsschritte getan sind, die es nun weiter zu verfolgen gilt.

Literaturverzeichnis - Übersicht über die verwendete Literatur:

- *50 Jahre EKHN. Katalog zur Ausstellung des Zentralarchivs der EKHN*, Darmstadt 1997.
- Baubuch für die evangelischen Pfarreien der Souveränitätslande und der acquirierten Gebiete, in: Diehl, Wilhelm (Hg.): *Hassia sacra Band VIII*, Darmstadt 1935.
- Baur, Georg: *Hessische Urkunden. Aus dem Großherzoglich-Hessischen Staatsarchive zum Ersten Male herausgegeben*, 1. Band, Darmstadt 1860.
- Becker, Eduard Edwin, und Fritz Zschaeck, Karl Siegmar von Galéra (Hgg.): *Die Riedesel zu Eisenbach. Geschichte des Geschlechts der Riedesel Freiherrn zu Eisenbach Erbmarschälle zu Hessen.* Im Auftrage der Samtfamilie verfaßt von Eduard Edwin Becker. - E.E. Becker: Band 1: Vom ersten Auftreten des Namens bis zum Tod Hermanns III. Riedesel 1500. Band 2: Riedeselisches Urkundenbuch 1200 bis 1500. Band 3: Vom Tode Hermanns III. Riedesel 1501 bis zum Tode Konrads II. 1593. Offenbach 1923/1924/1927. Fritz Zschaeck: Band 4: Vom Tode Konrads II. bis zum Vertrag mit Hessen-Darmstadt 1593 – 1713. Gießen 1957. Karl Siegmar Baron von Galéra : Band 5: Vom Reich zum Rheinbund 1713 – 1806. Band 6: Wege zu neuen Lebensformen. Neustadt/Aisch 1961/1965.
- Becker, Eduard Edwin: „Die Kirchenordnungen im Gebiet der Riedesel zu Eisenbach“, in: Becker, Eduard Edwin und Wilhelm Diehl, Fritz Herrmann (Hgg.): *Beiträge zur Hessischen*

Kirchengeschichte, X. Band, 1. und 2. Heft, Darmstadt 1932, S. 75-132.

- Becker, Eduard Edwin: „Zur Reformationsgeschichte von Groß-Eichen", in: Becker, Eduard Edwin und Wilhelm Diehl, Fritz Herrmann (Hgg.): *Beiträge zur Hessischen Kirchengeschichte*, Ergänzungsband X, Darmstadt 1935, S. 254-259.
- Bösken, Franz und Hermann Fischer: *Quellen und Forschungen zur Orgelgeschichte des Mittelrheins, Band 3, ehemalige Provinz Oberhessen, Teil I (A-L),* Mainz 1984.
- Butte, Wilhelm: Blicke in die Hessen-Darmstädtischen Lande, in: Diehl, Wilhelm (Hg.): *Hessische Volksbücher 16*, Friedberg 1913.
- *Chronik der evangelischen Pfarrei Großen=Eichen,* begonnen im Jahr 1858.
- Dehio, Georg: *Handbuch der deutschen Kunstdenkmäler Hessen,* München/Berlin ^{2}1982.
- Demandt, Karl: *Geschichte des Landes Hessen*, Kassel ^{2}1972.
- Diehl, Wilhelm: *Evangelische Bewegung und Reformation im Gebiet der heutigen hessen-darmstädtischen Lande,* Darmstadt 1926.
- Diehl, Wilhelm: Reformationsbuch der evangelischen Pfarreien des Großherzogtums Hessen, in: Ders.: *Hessische Volksbücher 31-36*, Friedberg ^{2}1917.
- Diehl, Wilhelm: *Zur Geschichte des Gottesdienstes und der gottesdienstlichen Handlungen in Hessen*, Gießen 1899.
- Dienst, Karl: *Gießen-Oberhessen-Hessen. Beiträge zur Evangelischen Kirchengeschichte*, Darmstadt/Kassel 2010.

- Ev. Kirchengemeinde Groß-Eichen (Hg.): *„Spurensuche" Groß-Eichen in alten Bildern. Ein Fotoband zum 250. Kirchenjubiläum,* Kinzenbach 1997.
- Ev. Kirchengemeinden Lardenbach/Klein-Eichen/Stockhausen und Weickartshain (Hg.): *Festschrift zu unseren Kirchenjubiläen 350 Jahre ev. Kirche Lardenbach, 75 Jahre ev. Kirche Weickartshain, 25 Jahre ev. Kirche Stockhausen. Über unsere Kirchengemeinden, unsere Kirchengebäude, unsere Geschichte (incl. Klein-Eichen),* Lardenbach/Klein-Eichen/ Stockhausen und Weickartshain 2007.
- *Evangelisches Gesangbuch. Ausgabe für die EKHN,* Frankfurt/M. 1994.
- *Gesangbuch für das Großherzogtum Hessen*, Darmstadt 1904.
- *Gesangbuch für die evangelische Landeskirche in Hessen,* Darmstadt 1923.
- Großherzogliches Oberkonsistorium: *Kirchenbuch für die Evangelische Kirche des Großherzogtums Hessen. Erster Band: Die Gemeindegottesdienste,* Darmstadt 1904.
- Heppe, Heinrich: *Kirchengeschichte beider Hessen,* Bde. 1 und 2, Marburg 1876.
- Hessisches Lehrerbuch Vierter Teil: Souveränitätslande und acquirierte Gebiete, in: Diehl, Wilhelm (Hg.): *Hassia sacra Band XII,* Darmstadt 1951.
- Jäkel, Herbert: „Die politische und territoriale Entwicklung des Landkreises", in: *Landkreis Alsfeld. Monographie einer Landschaft*, Trautheim über Darmstadt und Mainz am Rhein 1965, S. 9-16.

- Kleinfeldt, Gerhard und Hans Weirich: *Die Mittelalterliche Kirchenorganisation im oberhessisch-nassauischen Raum. Mit 12 Kartentafeln*, Marburg 1937.
- Kosog, Herbert: „Zur Siedlungsgeschichte des Kreises Alsfeld", in: *Landkreis Alsfeld. Monographie einer Landschaft*, Trautheim über Darmstadt und Mainz am Rhein 1965, S. 45-47.
- Küther, Waldemar: *Das Marienstift Lich im Mittelalter*, Lich 1977.
- *Mainzer Urkundenbuch*, Bd. 1: Die Urkunden bis zum Tode Erzbischof Adalberts I. (1137), Darmstadt 1972.
- Müller, Wilhelm: Oberhessisches Heimatbuch, in: Diehl, Wilhelm (Hg.): *Hessische Volksbücher 58-60*, Darmstadt 1926.
- Pfarrer- und Schulmeisterbuch für die hessen-darmstädtischen Souveränitätslande, in: Diehl, Wilhelm (Hg.): *Hassia Sacra Band IV*, Darmstadt 1930.
- Rausch, Karl: „Das Schulwesen", in: *Landkreis Alsfeld. Monographie einer Landschaft*, Trautheim über Darmstadt und Mainz am Rhein 1965, S. 125-135.
- Röschen, Otto: *Beschreibung der evangelischen Pfarreien des Großherzogtums Hessen nach pfarramtlichen, statistischen, sozialen, topographischen und historischen Gesichtspunkten auf Grund amtlicher Mitteilungen,* Gießen 1900.
- Röschen, Otto: *Nachtrag zur Beschreibung der evangelischen Pfarreien des Volksstaates Hessen nach pfarramtlichen, statistischen, sozialen, topographischen und historischen Gesichtspunkten auf Grund amtlicher Mitteilungen,* Gießen 1928.

- Rubin, Josef: *Heimatgeschichte von Groß-Eichen und der umliegenden Orte am westlichen Abhang des Vogelsberges,* Groß-Eichen 1963.
- Samtarchiv der Freiherren Riedesel zu Eisenbach: *Acta der Einweihung der Kirche zu Großeneichen betrf. de 1747,* Hessisches Staatsarchiv Darmstadt F 27 A, 60/18.
- Scriba, Eduard Heinrich: *Regesten der bis jetzt gedruckten Urkunden zur Landes- und Orts-Geschichte des Großherzogtums Hessen*, Darmstadt 1849ff..
- Soldan, Fritz: *Geschichte des Großherzogtums Hessen*, Gießen 1896.
- Steitz, Heinrich: *Geschichte der Evangelischen Kirche in Hessen und Nassau*, Marburg/Lahn 1977.
- Wagner, Georg Wilhelm Justin: *Die Wüstungen im Großherzogtum Hessen: Provinz Oberhessen,* Darmstadt 1854.
- Wenck, Helfrich Bernhard: *Hessische Landesgeschichte. Mit einem Urkundenbuch, Band 2,* Frankfurt/M. 1789.
- Will, Cornelius (Hg.): *Regesten zur Geschichte der Mainzer Erzbischöfe von Bonifatius bis Uriel von Gemmingen 742?-1514*, 1. Band, Innsbruck 1877.

Internetseiten

- http://kirchengemeindeangersbach.wordpress.com/die-kirche/angersbach/, 04.08.12
- http://kirchspiel-frischborn.de, 05.08.12
- http://www.ekhn.de, 23.07.12
- http://www.philipp-von-hessen.de, 10.05.12
- http://www.regionalgeschichte.net/rheinhessen/mainz/kulturdenkmaeler/kloster-jakobsberg.html., 18.04.12
- Online-Lexikon-Artikel:
  Archidiakonat, Bonifatius, Befreiungskriege, EKHN, Erzbistum Mainz, Hl. Nikomedes, Koalitionskriege, Lahngau, Landesherrliches Kirchenregiment, Lullus, Mediatisierung, Napoleon, Nürnberger Anstand, Passauer Vertrag, Reichsdeputationshauptschluss, Rheinbundakte, Säkularisation, Speyerer Reichstag, Saalbau, Weimarer Reichsverfassung, Wiener Kongress, aus: http://www.wikipedia.de, 18.04.12 - 25.07.12
- Nessel, Kathrin: Das Benediktinerkloster auf dem Jakobsberg. In: festung-mainz.de [27.03.2005], URL: http://www.festung-mainz.de/ 74.html., 18.04.12
- Schmid, Reinhard: Mainz - Kloster St. Nikomedes. Geschichtlicher Abriss. In: Klöster und Stifte in Rheinland-Pfalz, http://www.klosterlexikon-rlp.de/rheinhessen/mainz-kloster-st-nikomedes/geschichtlicher abriss. html, 10.08.12

Printed by Books on Demand GmbH, Norderstedt / Germany